O BOM SENSO

CONHEÇA OUTROS LIVROS:

POLÍTICA, IDEOLOGIA E CONSPIRAÇÕES

DESCULPE-ME, SOCIALISTA

MITOS E FALÁCIAS DA AMÉRICA LATINA

A LEI, MENOS ESTADO E MAIS LIBERDADE

ERROS FATAIS DO SOCIALISMO

A ERA DA RAZÃO

THOMAS PAINE
O BOM SENSO

Tradução:
Fábio Alberti

COPYRIGHT © THOMAS PAINE, 1776
COPYRIGHT © FARO EDITORIAL, 2022

Todos os direitos reservados.
Nenhuma parte deste livro pode ser reproduzida sob quaisquer meios existentes sem autorização por escrito do editor.

Avis Rara é um selo de Ciências Sociais da Faro Editorial.

Diretor editorial PEDRO ALMEIDA
Coordenação editorial CARLA SACRATO
Preparação FERNANDA BELO
Revisão FRANCINE PORFIRIO e LUCIANE H. GOMIDE
Capa RAFAEL BRUM E CRISTIANE SAAVEDRA
Diagramação CRISTIANE | SAAVEDRA EDIÇÕES

Dados Internacionais de Catalogação na Publicação (CIP)
Angélica Ilacqua CRB-8/7057

Paine, Thomas, 1737-1809
　O bom senso / Thomas Paine ; tradução de Fabio Alberti. — São Paulo : Faro Editorial, 2022.
　96 p.

　ISBN 978-65-5957-090-4
　Título original: Common Sense

　1. Ciência política - História - Séc. XVIII 2. Economia 3. Estados Unidos - Política e governo - 1775-1783 I. Título II. Alberti, Fabio

21-4714　　　　　　　　　　　　　　　　　　　CDD 320.011

Índice para catálogo sistemático:
1. Ciência política - Teorias

1ª edição brasileira: 2022
Direitos de edição em língua portuguesa, para o Brasil, adquiridos por FARO EDITORIAL

Avenida Andrômeda, 885 – Sala 310
Alphaville – Barueri – SP – Brasil
CEP: 06473-000
www.faroeditorial.com.br

SUMÁRIO

Introdução 09

Da origem e do propósito do governo em geral, com observações concisas a respeito da Constituição inglesa 11

Da monarquia e da sucessão hereditária 19

Reflexões sobre a situação atual das questões americanas 31

Da atual capacidade da América, com algumas reflexões diversas 53

Apêndice 67

Epístola aos quakers 77

Notas 85

*Os homens só reconhecem
como Senhor o seu Criador,
ou os que mediante escolha
e bem comum foram eleitos.*

THOMSON[1]

Introdução

FILADÉLFIA, 14 DE FEVEREIRO DE 1776.

Os sentimentos contidos nas páginas a seguir talvez *ainda* não sejam conhecidos o suficiente para alcançar ampla aceitação. Um antigo hábito de não considerar *errada* determinada coisa a faz parecer *certa*, e suscita a princípio um enorme alarido em defesa do costume. Mas o tumulto logo perde força. O tempo opera mais conversões do que a razão.

Tendo em vista que o longo e violento abuso de poder leva, geralmente, ao questionamento do direito de exercer esse poder (e levanta questões que talvez jamais seriam consideradas se os prejudicados não tivessem sido envolvidos no problema), e tendo o rei da Inglaterra se comprometido *por direito próprio* a apoiar o Parlamento no que diz ser direito *deles*, e dado que as boas pessoas desse país são cruelmente oprimidas por esse pacto, elas têm o direito indubitável de questionar as pretensões de ambos, bem como de rejeitar a usurpação deles.

Nas páginas seguintes, o autor evitou cuidadosamente tudo o que é pessoal entre nós. Nelas, não há elogios nem censuras a indivíduos. Os sábios e os dignos não precisam do triunfo de um panfleto; e aqueles cujos sentimentos são insensatos ou hostis não se refrearão, a menos que grandes esforços sejam promovidos, em prol da sua conversão.

Em grande parte, a causa da América é a causa de toda a humanidade. Verificaram-se e ainda se verificarão muitas circunstâncias que não são locais, mas universais; essas circunstâncias afetam os princípios de todos os partidários da humanidade, cujas afeições são impactadas nesse processo. Quando se impõe a desolação a um país pela força das armas, ao declarar guerra contra os direitos naturais de toda a humanidade e varrendo da face da Terra os seus defensores, isso causa preocupação a todo homem ao qual a natureza concedeu o poder de sentir; e a essa classe de homens pertence o

AUTOR

P.S. A publicação desta nova edição foi adiada com o propósito de avaliar (se fosse preciso) uma possível tentativa de refutação da doutrina da independência; como não surgiu ainda qualquer resposta, supõe-se que nenhuma surgirá, pois já se esgotou o tempo necessário para que ela fosse apresentada ao público.

É totalmente irrelevante que o público saiba quem foi o autor da presente obra, pois seu objeto de estudo é a própria *doutrina*, e não o *homem*. Porém, talvez não seja de todo desnecessário informar que ele não tem ligação com nenhum partido, e não está sob a influência de nenhum tipo de autoridade pública ou privada, apenas da razão e dos princípios.

Da origem e do propósito do governo em geral, com observações concisas a respeito da Constituição inglesa

ALGUNS ESCRITORES CONFUNDIRAM SOCIEDADE E governo de tal forma que restou entre essas duas partes pouca ou nenhuma diferença. Contudo, elas não apenas são diferentes como também possuem origens diversas. A sociedade é produto das nossas necessidades, e o governo, da nossa maldade; a sociedade promove a nossa felicidade de modo *positivo*, unindo nossas afeições, e o governo faz isso de modo *negativo*, cerceando os nossos excessos. Uma encoraja a agregação, o outro cria distinções. Uma é padroeira, o outro é punidor.

Em qualquer forma a sociedade é uma bênção, mas o governo, mesmo em sua melhor forma, nada mais é do que um mal necessário; e na sua pior forma, é um mal intolerável. Quando sofremos ou somos expostos *por causa de um governo* aos mesmos infortúnios que recearíamos enfrentar num país *sem ele*, a nossa calamidade é intensificada pelo fato de que nós mesmos fornecemos as condições para o sofrimento nos atingir. O governo, como as vestimentas, simboliza a inocência perdida; os palácios dos reis são erguidos sobre as ruínas dos jardins do paraíso. Se os impulsos da consciência fossem obedecidos clara, uniforme e irresistivelmente, o homem não precisaria de nenhum outro legislador; mas, como isso não acontece, ele julga necessário abrir mão de uma parte da sua propriedade para ter condições de proteger a restante. É induzido a essa decisão pela mesma prudência que o aconselha, em qualquer outra situação, a escolher o menor entre dois males. *Por consequência*, sendo a segurança o verdadeiro propósito e a finalidade do governo, conclui-se de modo inquestionável que qualquer governança que pareça capaz de garanti-la, com os menores custos e os maiores benefícios, será preferível a todas as outras.

Para que se tenha uma ideia justa e clara do propósito e da finalidade do governo, suponhamos que exista, instalado num lugar qualquer da Terra — um lugar isolado, sem nenhuma ligação com o mundo civilizado —, um pequeno grupo de pessoas que representará a primeira população de um país ou do mundo. Nessa situação de liberdade natural, a sociedade será a sua preocupação imediata. Mil motivos estimularão o grupo nesse sentido: a força de um homem é tão inadequada às suas necessidades, e a sua mente, tão despreparada para a solidão, que ele é rapidamente obrigado a buscar colaboração e auxílio de outra pessoa, a qual, por sua vez, solicita o mesmo. Quatro ou cinco homens juntos seriam capazes de construir uma habitação razoável no meio de um território inóspito, mas *um* homem sozinho poderia trabalhar uma vida inteira sem levar nada a cabo. Quando ele tivesse cortado um tronco de madeira, não poderia transportá-lo, e, se conseguisse fazê-lo, não seria capaz de levantá-lo depois. Enquanto isso, o chamado da fome o afastaria do trabalho, e outras necessidades desviariam seus esforços para diferentes direções. Uma doença ou até mesmo um acidente significaria o fim, pois mesmo que nenhum desses eventos fosse fatal, ainda o incapacitariam de viver e o condenariam a definhar até a morte.

Assim, como uma força gravitacional, a necessidade não demoraria a agrupar os nossos recém-chegados numa sociedade; preteridas pelas benesses recíprocas desse sistema, as obrigações da lei e do governo se tornariam desnecessárias enquanto eles se mantivessem perfeitamente justos entre si. Porém, como nada exceto o céu é impermeável ao vício, seria inevitável que, à medida que eles superassem as primeiras dificuldades da chegada, as quais os uniram em prol de uma causa comum, começariam a se descuidar dos deveres e do comprometimento uns com os outros; e essa negligência apontaria a necessidade de se estabelecer alguma forma de governo para suprir uma deficiência de virtude moral.

Uma árvore próxima lhes forneceria uma sede para as Assembleias e, sob os seus galhos, toda a colônia poderia se reunir para deliberar sobre questões de interesse público. É bem provável que as primeiras leis recebessem o título simples de REGULAMENTOS, cujo descumprimento seria punido com o desprezo público e nada além disso. Nesse primeiro parlamento, cada homem teria assento por direito natural.

Mas, à medida que a colônia crescesse, também cresceriam os problemas públicos — e a distância que provavelmente separaria os membros resultaria num grande inconveniente para todos se reunirem com frequência, como faziam no início quando estavam em pequeno número, as habitações eram próximas umas das outras e as preocupações públicas eram poucas e insignificantes. Isso indicaria a conveniência de se consentir que a parte legislativa fosse controlada por um grupo de indivíduos escolhido entre todos os membros; esses indivíduos teriam supostamente interesses iguais aos dos que os haviam selecionado, e agiriam da mesma forma que o grupo inteiro agiria se estivesse presente. Se a colônia continuasse crescendo, seria necessário aumentar o número de representantes; e para que os interesses de cada uma das partes da colônia pudessem ser atendidos, o melhor a fazer seria dividir o todo em partes adequadas, de modo que cada parte enviaria o número de representantes que lhe fosse apropriado.

Além disso, para os *eleitos* nunca forjarem interesses em seu próprio benefício, distintos dos interesses dos *eleitores*, a prudência mostraria a vantagem de se realizar eleições com periodicidade, porque isso determinaria a possibilidade de os eleitos retornarem, dentro de alguns meses, ao corpo geral de eleitores e o integrarem novamente, o que asseguraria a fidelidade desses eleitos ao público, já que eles considerariam que não seria sensato causar problemas para si mesmos. E dado que esse intercâmbio crescente estabeleceria um interesse comum entre cada uma das partes da comunidade, elas se apoiariam umas às outras mútua e naturalmente, e disso (não do nome inócuo de rei) depende a *força do governo e a felicidade dos governados*.

Eis aqui a origem e a ascensão do governo: uma alternativa tornada necessária porque a virtude moral é incapaz de governar o mundo. Eis aqui também o propósito e a finalidade do governo: liberdade e segurança. E mesmo que nossos olhos sejam ofuscados pelo espetáculo, ou nossos ouvidos ludibriados pelo som, e por mais que o preconceito possa distorcer as nossas escolhas ou o interesse possa embotar a nossa compreensão, a simples voz da natureza e da razão nos dirá que essa é a verdade.

A minha ideia de forma de governo é inspirada num princípio natural que não pode ser colocado em dúvida por nenhuma artimanha: quanto mais simples uma coisa for, menos sujeita à desordem estará, e mais facilmente poderá ser reparada quando se desarranjar. Com essa máxima em mente, passo a tecer algumas observações a respeito da tão celebrada Constituição da Inglaterra. Sabemos que ela foi correta para os tempos sombrios e servis em que foi elaborada. Quando o mundo era assolado pela tirania, tudo o que se distanciasse minimamente disso representava uma libertação gloriosa. Porém, é fácil demonstrar que a Constituição é imperfeita, sujeita a convulsões e incapaz de produzir o que parece prometer.

Governos absolutos (ainda que sejam a desgraça da natureza humana) têm a vantagem de serem simples; se o povo sofre, esses governos sabem em que parte a dor se encontra, sabem qual remédio aplicar e não ficam desnorteados em meio a um sem-número de causas e curas. Mas a Constituição da Inglaterra é tão excessivamente complexa que a nação pode sofrer por anos a fio sem ser capaz de descobrir em qual parte se localiza o problema; alguns dirão que está em um ponto, outros que se localiza em um ponto distinto, e cada um dos doutores da política receitará um remédio diferente.

Sei que é difícil deixar para trás preconceitos específicos ou antigos, porém, se nos dispusermos a examinar as partes que compõem a Constituição inglesa, descobriremos que são as sobras desprezíveis de duas antigas tiranias mescladas com algum material republicano novo.

Primeira. Os restos da tirania monárquica representados pelo rei.

Segunda. Os restos da tirania aristocrática representados pelos nobres.

Terceira. Os materiais republicanos novos representados pelos membros da Câmara dos Comuns, de cuja virtude depende a liberdade da Inglaterra.

Por serem hereditárias, as duas primeiras são independentes do povo; logo, *do ponto de vista constitucional*, não contribuem em nada para a liberdade do Estado.

É ridículo dizer que a Constituição da Inglaterra é uma *união* de três poderes que se fiscalizam uns aos outros; tais palavras ou são desprovidas de significado ou são totalmente contraditórias.

Dizer que os membros da Câmara dos Comuns fiscalizam o rei pressupõe duas coisas:

Primeira. Que o rei precisa ser mantido sob vigilância para permanecer confiável, ou, em outras palavras, que a sede de poder absoluto é a doença natural da monarquia.

Segunda. Que os Comuns, por serem designados para essa tarefa, ou são mais sábios ou mais dignos de confiança que o monarca.

A Constituição confere aos Comuns o poder para controlar o rei ao negar-lhe recursos; por outro lado, confere mais tarde ao monarca o poder de controlar os Comuns ao rejeitar seus projetos de lei. Mais uma vez, a Constituição supõe que o rei é mais sábio do que aqueles que ela já havia considerado mais sábios do que ele. Um completo absurdo!

Há algo de extremamente ridículo na composição da monarquia. Ela recusa a um homem os meios de informação, mas lhe dá poder para agir em casos nos quais é necessária uma grande capacidade de julgamento. Um rei se mantém afastado do mundo devido à sua própria condição soberana, embora a atividade dele o obrigue a conhecer o mundo profundamente. Assim, as diferentes partes, opondo-se de modo antinatural e destruindo-se mutuamente, provam que o personagem é de todo absurdo e inútil.

Alguns escritores explicam a Constituição inglesa desta maneira: dizem que o rei é uma coisa e o povo é outra; os nobres estão na Casa para representar o rei e os Comuns, as pessoas. Mas isso possui todas as características de uma Casa dividida contra si mesma; e embora essa explicação tenha frases articuladas agradavelmente, quando examinadas com atenção, parecem fúteis e ambíguas. E isso sempre acontecerá, porque a mais bela estrutura que as palavras podem compor, quando aplicada à descrição de algo que não pode existir ou que é incompreensível demais para se encaixar no âmbito dessa descrição, será ruído e nada mais — apenas palavras que, embora agradem aos ouvidos, não podem suprir a mente, visto que essa explicação pressupõe uma pergunta: *De onde vem o poder de um rei no qual o povo receia confiar, e que é sempre obrigado a vigiar?* Esse poder não pode ter sido concedido por uma sociedade sábia, e nenhum poder *que precise de vigilância* pode vir de Deus, ainda que se encontre na Constituição um mecanismo que supõe a existência desse poder.

Esse mecanismo, porém, não está à altura da tarefa; os meios não poderão alcançar ou não alcançarão o fim, e a questão toda é um suicídio. Pois assim como o peso maior arrasta o menor, como todas as rodas de uma máquina são postas em movimento por apenas uma, resta apenas saber qual poder na Constituição tem o maior peso, pois este governará. E embora as outras rodas — ou parte delas — possam dificultar ou, como se costuma dizer, controlar a velocidade do seu movimento, salvo se puderem parar a máquina, serão inúteis em seus esforços. No fim das contas, o primeiro poder a se mover prevalecerá, e com o tempo alcançará a velocidade desejada.

É desnecessário apontar que a Coroa é essa parte predominante na Constituição inglesa, e é óbvio que toda a importância da Coroa se deve meramente ao fato de ela ser a doadora de cargos e pensões. Disso se depreende que, embora tenhamos sido prudentes o suficiente para fechar a porta e trancá-la ante a monarquia absoluta, ao mesmo tempo, fomos tolos o bastante para deixar a chave em poder da Coroa.

A boa opinião dos ingleses por seu governo de reis, lordes e Comuns resulta mais do orgulho nacional do que da razão. As pessoas estão, sem dúvida, mais seguras na Inglaterra do que em alguns outros países, mas a *vontade* do rei é lei tanto na Grã-Bretanha como na França, com uma diferença: em vez de vir diretamente da boca do rei, chega às pessoas de forma mais implacável, numa lei do Parlamento. O destino de Carlos I apenas tornou os reis mais astutos, não mais justos.

Portanto, deixando de lado todo o orgulho nacional e a boa opinião por estilos e padrões, a verdade pura e simples é que se a Coroa não é tão opressiva na Inglaterra como na Turquia, *isso se deve tão somente à Constituição do povo e não à do governo.*

A essa altura, torna-se extremamente necessário investigar os *erros constitucionais* da forma inglesa de governar, pois nunca alcançaremos uma condição que nos permita fazer justiça aos outros se continuarmos sob a influência de uma parcialidade dominante. Tampouco seremos capazes de fazê-la em prol de nós mesmos enquanto permanecermos presos a preconceitos intransigentes. Assim como um homem afeiçoado a uma prostituta não é apto para escolher ou avaliar uma esposa, também qualquer opinião favorável à Constituição corrompida de um governo compromete o nosso discernimento para escolher uma boa Constituição.

Da monarquia e da sucessão hereditária

COMO OS HOMENS SÃO ORIGINALMENTE IGUAIS NA ORDEM da criação, só uma circunstância posterior consegue destruir essa igualdade. As distinções entre ricos e pobres podem, em grande medida, exemplificar isso sem ser necessário recorrer aos nomes grosseiros e malfadados da opressão e da avareza. A opressão é quase sempre a *consequência* da riqueza, mas raramente ou jamais é o *meio* para alcançá-la; e embora a avareza possa evitar que um homem caia em grande pobreza, em geral, ela o torna temeroso demais para ser rico.

Mas existe outra distinção, ainda maior, que não pode ser vinculada a nenhuma razão natural ou religiosa — a distinção entre REIS e SÚDITOS. Macho e fêmea são distinções da natureza, bom e mau são distinções do Céu; mas vale a pena investigar como uma classe de homens veio a esse mundo ostentando tanta superioridade diante das demais, e distinta como algumas novas espécies. Também vale a pena investigar se essa classe proporciona meios para a felicidade ou para a miséria da humanidade.

No início dos tempos, de acordo com a cronologia das Escrituras, não existiam reis, e em consequência disso não existiam guerras; é o orgulho dos reis que lança a humanidade à confusão. Sem um rei, a Holanda desfrutou mais paz neste último século do que qualquer um dos governos monárquicos da Europa. Pode-se extrair da Antiguidade uma observação semelhante: a vida tranquila e campestre dos primeiros patriarcas tinha o seu quinhão de felicidade, que desapareceu quando começou a história da realeza judaica.

O governo monárquico foi introduzido no mundo pelos pagãos, dos quais os filhos de Israel copiaram o costume. Foi a invenção mais eficaz que o diabo usou para promover a idolatria. Os pagãos prestavam honras de divindade aos seus reis falecidos, e o mundo cristão aprimorou esse costume fazendo o mesmo com seus reis vivos. Que sacrilégio conferir o título de majestade sagrada a um cadáver, que em pleno esplendor está se decompondo sob a terra!

O ato de exaltar um homem de maneira desmedida, tornando-o muito superior aos outros, não pode ser justificado pela igualdade de direitos determinada pela natureza, e também não se pode recorrer à autoridade das Escrituras para defender esse ato; porque a vontade do Todo-Poderoso, como declararam Gideão e o profeta Samuel, desaprova expressamente o governo dos reis. Todos os trechos antimonárquicos das Escrituras foram astuciosamente suprimidos em governos monárquicos, mas eles, sem dúvida, merecem a atenção de países cujo governo ainda está para se formar. "Dai a César o que é de César" é a doutrina das Escrituras para as Cortes, contudo elas não dão respaldo a governos monárquicos, porque os judeus não tinham rei naquele tempo e eram vassalos dos romanos.

Passados quase três mil anos desde a Criação, segundo o relato de Moisés, os judeus exigiram um rei, sob a ilusão da ideia de nação. Até então a sua forma de governo (exceto em casos extraordinários, que demandavam a interferência do Todo-Poderoso) era um tipo de república administrada por um juiz e pelos anciãos das tribos. Reis, não tiveram nenhum, e era considerado pecado conferir a quem quer que fosse o título monárquico, a não ser ao Senhor dos Exércitos. Qualquer pessoa que reflita seriamente acerca da homenagem idólatra prestada às pessoas dos reis não há de se espantar que o Todo-Poderoso, eternamente zeloso da sua honra, desaprove uma forma de governo que de modo tão sacrílego desrespeita a prerrogativa do Céu.

A monarquia figura nas Escrituras como um dos pecados dos judeus, pelo qual uma maldição lhes foi lançada. Vale a pena falar da história que levou a esse acontecimento.

Com um pequeno exército, Gideão marchou contra os midianitas, opressores dos filhos de Israel; e a vitória, por intervenção divina, foi conquistada por Gideão. Os judeus se rejubilaram com esse feito e, atribuindo-o à capacidade de liderança de Gideão, decidiram torná-lo rei, dizendo: "Reina sobre nós, tu e teu filho e o filho de teu filho". Eis aqui uma tentação mais que irresistível: não lhe foi oferecido um reino apenas, e sim um reino hereditário. Gideão, porém, com a alma repleta de devoção, respondeu: "Eu não reinarei sobre vós, nem meu filho reinará sobre vós. O SENHOR DEVE REINAR SOBRE VÓS". Suas palavras não poderiam ser mais claras. Gideão não *recusa* a honra, mas nega a eles o direito de concedê-la; tampouco os congratula com palavras pomposas de agradecimento, mas no estilo direto de um profeta os acusa de deslealdade para com seu próprio soberano, o Rei do Céu.

Cerca de 130 anos depois, os judeus voltaram a incorrer no mesmo erro. A grande atração que sentiam pelos costumes idólatras dos pagãos era de fato incompreensível; mas era algo tão poderoso que eles — apoiando-se na má conduta dos dois filhos de Samuel, que haviam recebido algumas incumbências seculares — se apresentaram diante de Samuel de modo abrupto e insistente, dizendo-lhe: "Vê, já estás velho, e teus filhos não seguem teus passos; dá-nos um rei para nos guiar, à semelhança das outras nações". Não podemos deixar de observar aqui que seus motivos eram vis, pois queriam ser *semelhantes* às outras nações, ou seja, semelhantes aos *pagãos*, ainda que a sua verdadeira glória residisse em ser o mais *diferente* possível deles. Mas os judeus desagradaram a Samuel quando lhe disseram *"dá-nos um rei para nos guiar"*; e ele orou ao Senhor, e o Senhor lhe respondeu:

> Escuta com atenção o povo e dá-lhes tudo o que te pedem, porque eles não rejeitaram a ti, mas REJEITARAM A MIM COMO SEU REI. Assim como tudo o que fizeram a mim desde o dia em que os tirei do Egito até hoje, renegando-me e servindo a outros Deuses, da mesma forma fazem a ti. Pois, agora, atenda-os, mas avisa-lhes seriamente e explica-lhes o que haverá de exigir deles o rei que os governará.

Não é, portanto, uma referência às exigências de um rei singular, e sim às exigências gerais dos reis terrenos, que Israel reproduziu depois com tanto entusiasmo. E, apesar do tempo transcorrido e da diferença de costumes, esse personagem ainda continua em voga. Samuel transmitiu todas as palavras ditas pelo Senhor ao povo que pedia um monarca:

> Eis as exigências que vos serão feitas pelo rei que deverá governar sobre vós: ele tomará vossos filhos para servi-lo em seus carros de guerra e para serem seus cavaleiros, e alguns deverão correr à frente dos carros de guerra. [Essa descrição está de acordo com o atual modo de impressionar os homens.] E os nomeará comandantes de grupos de mil homens, e de grupos de cinquenta. E os porá para lavrar as suas terras e fazer a sua colheita, e para fabricar seus instrumentos de guerra e os apetrechos dos seus carros. E porá vossas filhas para trabalhar como perfumistas, cozinheiras e padeiras. [Isso indica os gastos e o luxo dos

reis, bem como a sua opressão.] E se apossará das vossas melhores terras e vinhas e as dará aos seus servos; e tomará um décimo das vossas sementes e vinhas para dá-las aos seus oficiais e a seus servos. [Isso nos mostra que suborno, corrupção e favoritismo são vícios constantes dos reis.] Tomará para si vossos servos e vossas servas, e os melhores exemplares do vosso gado e dos vossos jumentos, e os porá para trabalhar em seu próprio benefício. E se apossará da décima parte dos vossos rebanhos, e vós sereis servos dele; e nesse dia lastimar-vos-eis por causa do rei escolhido por vós mesmos, MAS O SENHOR NÃO VOS OUVIRÁ NESSE DIA.

Isso explica a continuação da monarquia. O caráter dos bons reis que viveram desde então não santifica o título nem anula a sua iniquidade original; os grandes elogios dirigidos a Davi não o apontam *oficialmente como um rei*, mas apenas como um *homem* segundo o coração de Deus. Contudo, o povo se recusou a dar ouvidos a Samuel, e disse: "Não! Queremos um rei. Seremos como todas as outras nações, teremos nosso rei para nos governar e lutar as nossas batalhas". Samuel continuou a argumentar, mas não surtiu efeito; ele expôs ao povo a sua ingratidão, mas de nada adiantou. Vendo-o mergulhado na própria insensatez, Samuel bradou: "Clamarei, pois, ao Senhor, e ele enviará a chuva e o trovão [o que naquele tempo era uma punição, já que era época da colheita do trigo], e percebereis e vereis quão grande é a maldade que fizestes postando-vos perante o Senhor a fim de RECLAMAR PARA VÓS UM REI". Então Samuel invocou o Senhor, e Ele enviou trovões e chuva naquele dia; e todo o povo temeu enormemente a Deus e a Samuel. E o povo disse a ele: "Roga ao Senhor teu Deus para que não venhamos todos a morrer, pois ACRESCENTAMOS AOS NOSSOS PECADOS MAIS UMA MALDADE, A DE PEDIR UM REI PARA NÓS".

Esses trechos das Escrituras são claros e diretos. Não admitem equívocos de interpretação. O Todo-Poderoso opôs-se claramente ao governo monárquico; se isso não for verdade, então as Escrituras são falsas. E há bons motivos para crer que o poder real e o sacerdotal tenham ocultado as Escrituras do público nos países papistas, porque a monarquia invariavelmente é o papismo do governo.

Ao mal da monarquia nós acrescentamos o da sucessão hereditária; e enquanto a monarquia representa humilhação e degradação para nós mesmos, a sucessão hereditária, exigida como uma questão de direito, é um insulto e uma imposição para a posteridade. Sendo todos os homens originalmente iguais, *ninguém* pode ter por *nascimento* o direito de garantir à própria família uma perpétua preferência sobre todas as outras; e se alguém merecer de seus contemporâneos *algum* reconhecimento por meio de honras, ainda assim os seus descendentes talvez sejam indignos de herdá-las. Uma das evidências *naturais* mais fortes contra a bobagem do direito hereditário dos reis é que a natureza o desaprova; de outro modo, ela não ridicularizaria tanto o fato dando à humanidade *burros em pele de leão*.

Em segundo lugar, como nenhum homem poderia a princípio possuir honra pública alguma a não ser as que fossem dadas a ele, aqueles que as concedem não têm o poder de transmitir o direito de posteridade; e embora eles possam dizer "nós o escolhemos para ser nosso líder", não poderiam, sem cometer uma grande injustiça para com seus próprios filhos, dizer "que os seus filhos e os filhos dos seus filhos reinem os *nossos* para sempre". Porque um pacto tão insensato, injusto e antinatural poderia (talvez) colocá-los à mercê do governo de um canalha ou tolo. A maioria dos homens sábios nutre, em segredo, desprezo pelo direito hereditário; no entanto, trata-se de um desses males que, uma vez estabelecidos, se tornam difíceis de remover. Muitos desses homens se submetem por medo, outros por superstição, e os mais poderosos dividem com o rei os despojos dos demais.

Partimos da suposição de que a atual linhagem de reis no mundo tenha tido uma origem honrosa. Contudo, é bem provável que, se pudéssemos remover o manto obscuro da Antiguidade e rastreá-los até a ocasião em que surgiram, descobriríamos que o primeiro desses reis era, na verdade, o principal criminoso de alguma gangue de malfeitores, cujas maneiras agressivas ou superioridade de inteligência granjeou-lhe o título de chefe entre os bandoleiros. Esse indivíduo, enquanto aumentava seu poder e espalhava depredação, aterrorizou as pessoas pacíficas e indefesas a fim de lhes ofertar segurança em troca de pagamentos frequentes. Contudo, os eleitores do chefe provavelmente não tinham a intenção de dar aos descendentes dele o direito hereditário, porque uma exclusão tão definitiva de si próprios era incompatível com os princípios de liberdade segundo os quais eles declaravam viver.

A sucessão hereditária nos primeiros tempos da monarquia, portanto, não deve ter sido considerada uma questão de direito, e sim uma questão casual ou de cortesia. Porém, como não restava praticamente nenhum registro daqueles dias, e a história tradicional estava repleta de mitos, foi muito fácil, após o intervalo de algumas gerações, inventar uma história supersticiosa, convenientemente datada como a de Maomé, para fazer a plebe engolir o direito hereditário. Talvez os distúrbios que ameaçavam irromper na ocasião da morte de um chefe e da eleição de um novo (porque as eleições entre bandidos não devem ser muito organizadas) tenham, a princípio, induzido muitos a apoiarem as pretensões à hereditariedade. Desse modo aconteceu, e vem acontecendo desde então, de uma conveniência inicial se tornar posteriormente reivindicada como um direito.

Desde a conquista, a Inglaterra conheceu alguns poucos reis bons, mas sofreu sob o governo de um número muito maior de monarcas ruins. Contudo, nenhum homem em seu juízo perfeito poderia dizer que tenha sido justo que esse título caísse nas mãos de Guilherme, o Conquistador.[2] Um bastardo francês que desembarca com bandidos armados e nomeia a si mesmo rei da Inglaterra contra o consentimento dos cidadãos locais é, para falar francamente, uma grande torpeza, uma verdadeira pilantragem. Não há, de fato, nada de divino nisso. Entretanto, é perda de tempo demonstrar a tolice do direito hereditário; se há pessoas imbecis a ponto de acreditarem nele, deixemos então que elas adorem promiscuamente o burro e o leão, e que façam bom proveito. Não comentarei a sua submissão nem perturbarei a sua devoção.

Eu gostaria de perguntar, por outro lado, como essas pessoas supõem que os primeiros reis tenham surgido. Essa pergunta admite somente três respostas, sejam elas: por sorteio, eleição ou usurpação. Se o primeiro rei foi escolhido por sorteio, isso estabelece um precedente para o próximo rei, o que exclui a sucessão hereditária. Saul foi escolhido por sorteio, mas a sucessão não foi hereditária, e não parece ter existido nenhuma intenção semelhante nessa operação. Se o primeiro rei de algum país foi escolhido por eleição, isso estabelece um precedente igual para o próximo rei, porque dizer que o *direito* de todas as gerações futuras é retirado por meio da eleição do primeiro eleitorado, quando eles escolheram não apenas um rei, mas uma família de reis para sempre, não tem paralelo nem nas Escrituras nem fora delas — apenas na doutrina do pecado original, que supõe que o livre-arbítrio de todos os homens foi perdido com Adão. Essa comparação, a única passível de aceitação, mostra que nenhuma glória pode resultar da sucessão hereditária. Afinal, se com Adão todos os homens pecaram, e com os primeiros eleitores todos os homens obedeceram; se com Adão toda a humanidade ficou sujeita a Satã, e com os primeiros eleitores ficou sujeita à soberania; se a nossa inocência foi perdida com Adão, e a nossa autoridade, com os primeiros eleitores; e se por causa de ambos nós nos tornamos incapazes de recuperar a condição e os privilégios que tínhamos antes, então se conclui de forma inequívoca que o pecado original e a sucessão hereditária são similares. Que categoria vergonhosa! Que vínculo inglório! Contudo, nem o mais sutil dos sofistas poderia produzir uma comparação mais justa.

Quanto à usurpação, nenhum homem se atreveria a defendê-la; e que Guilherme, o Conquistador, foi um usurpador é um fato que não pode ser contestado. A grande verdade é que a Antiguidade da monarquia inglesa não resiste a um exame mais acurado.

Contudo, o que inquieta a humanidade não é o absurdo que há na sucessão hereditária, e sim o mal que ela representa. Se assegurasse uma estirpe de homens bons e sábios, ela conteria o selo da autoridade divina; porém, por dar oportunidade aos *tolos*, aos *perversos* e aos *aproveitadores*, ela contém a natureza da opressão. Homens que acreditam terem nascido para reinar, e creem que os outros nasceram para obedecer, rapidamente se tornam insolentes. Selecionados do resto da humanidade, cedo as suas mentes são envenenadas pela ideia de importância; e do ponto de vista material, o mundo em que eles atuam é tão diferente do mundo ao seu redor que têm poucas oportunidades de conhecer os verdadeiros interesses da realidade. E assim, quando assumem o governo por sucessão, são com frequência os mais ignorantes e incapazes de todo o território que governam.

Outro mal ligado à sucessão hereditária é o risco de o trono ser assumido por um menor de idade. Agindo sob a proteção real, a regência tem toda oportunidade e estímulo para trair a confiança do rei. O mesmo infortúnio nacional ocorre quando o rei, desgastado pela idade e por enfermidades, alcança o último estágio da fraqueza humana. Nos dois casos, o povo se torna presa de malfeitores que podem manipular com sucesso os disparates tanto da infância quanto da velhice.

A alegação mais plausível oferecida em favor da sucessão hereditária é que ela protege uma nação das guerras civis. Se isso fosse verdade seria formidável; ocorre, porém, que é a mentira mais deslavada já imposta à humanidade. Toda a história da Inglaterra desmente esse fato. Trinta reis e dois menores de idade governaram esse confuso reino desde a conquista, e durante esse tempo houve (incluindo a Revolução) não menos do que oito guerras civis e dezenove rebeliões. Portanto, a sucessão hereditária não promove a paz, ao contrário, é inimiga da paz e destrói os alicerces sobre os quais ela parece se manter.

A luta pela monarquia e pela sucessão entre as casas de York e de Lancaster lançou a Inglaterra num banho de sangue por muitos anos.[3] Doze batalhas campais foram travadas entre Henrique e Eduardo, além de conflitos e cercos. Henrique foi duas vezes prisioneiro de Eduardo, que também foi prisioneiro de Henrique. Há uma grande incerteza no destino de uma guerra e no estado de espírito de uma nação quando questões pessoais, e nada além disso, são motivos para uma contenda; tanta incerteza que Henrique foi conduzido em triunfo de uma prisão para um palácio, enquanto Eduardo foi obrigado a se evadir do palácio e fugir para o exterior. Mas súbitas mudanças na disposição de espírito raramente duram; por fim, Henrique acabou expulso do trono, e Eduardo foi trazido de volta para sucedê-lo. O Parlamento sempre segue o lado mais forte.

Essa contenda teve início no reinado de Henrique VI, e só se extinguiu completamente sob Henrique VII, quando as famílias se uniram. Compreendeu um período de 67 anos, de 1422 a 1489.

Em resumo, a monarquia e a sucessão fizeram o mundo — não apenas este ou aquele reino — mergulhar em sangue e cinzas. É uma forma de governo contra a qual a Palavra de Deus deu testemunho, e com a qual sangue acompanhará.

Se investigarmos as responsabilidades de um rei, descobriremos que em alguns países ele não exerce nenhuma; e depois de vagar pela vida sem prazer para si próprio nem proveito para a nação, ele bate em retirada e sai de cena, deixando seus sucessores prosseguirem no mesmo movimento vazio. Nas monarquias absolutas, todo o peso dos assuntos civis e militares recai sobre o rei. Quando pediram um rei, os filhos de Israel insistiram em alguém "para nos governar e lutar as nossas batalhas". Mas em países nos quais o rei não é nem juiz nem general, como na Inglaterra, um homem teria dificuldade em saber quais são as funções dessa autoridade.

Quanto mais um governo se aproxima da república, menos atribuições há para um rei. É uma tarefa difícil encontrar um nome apropriado para o governo da Inglaterra. Sir William Meredith chama-o de "república", mas na situação atual esse nome não lhe é digno. A influência corrupta da Coroa, que tem todos os empregos à sua disposição, tragou o poder e mastigou a honestidade da Casa dos Comuns (a parte republicana na Constituição), e o fez de modo tão eficaz que o governo da Inglaterra é quase tão monárquico quanto o da França ou o da Espanha. Os homens se agarram a nomes sem conhecê-los. Porque é a republicana, e não a monárquica, a parte da Constituição da Inglaterra que orgulha os ingleses — isto é, a liberdade de escolher cidadãos para integrar a Casa dos Comuns —, e é fácil ver que, quando a integridade republicana se corrói, a servidão se instala. A monarquia envenenou a república, a Coroa cooptou os Comuns; por qual outro motivo estaria a Constituição da Inglaterra tão enfraquecida?

Na Inglaterra, um rei não tem muito mais a fazer além de guerrear e distribuir cargos; isso, falando sem rodeios, é empobrecer a nação e torná-la instável. Receber 800 mil libras esterlinas por ano e ainda por cima ser idolatrado é mesmo um excelente negócio para alguém! Aos olhos de Deus e da sociedade, um homem honesto tem mais valor do que todos os vilões coroados que já viveram.

Reflexões sobre a situação atual das questões americanas

NAS PÁGINAS A SEGUIR, TUDO O QUE EU OFEREÇO SÃO fatos simples, argumentos claros e senso comum. A única coisa que espero do leitor é que se livre do preconceito e da parcialidade para apelar à razão e aos sentimentos ao analisar as coisas por si só; que ele *vista*, ou melhor, que *não se dispa* da verdadeira natureza de um homem, e generosamente lance seu olhar para além do momento atual.

Muito se escreveu a respeito da luta entre a Inglaterra e a América. Homens de todas as camadas sociais entraram na controvérsia, por diferentes motivos e com propósitos variados, mas nada surtiu efeito e o período de debates terminou. O último recurso para decidir o impasse eram as armas, alternativa escolhida pelo rei, e o continente aceitou o desafio.

Conta-se que o falecido sr. Pelham (ministro competente, mas que também tinha seus defeitos), num debate na Casa dos Comuns acerca da questão, e diante da acusação de que suas medidas eram apenas temporárias, respondeu: "Elas vão durar o tempo que eu durar". Se um pensamento tão destrutivo e pusilânime tomasse conta das colônias na contenda que se desenrola, os nomes dos ancestrais seriam lembrados pelas futuras gerações com desgosto.

Trata-se da causa mais importante de todos os tempos. O assunto não envolve apenas uma cidade, um país, uma província ou um reino — envolve um continente, que corresponde pelo menos à oitava parte do globo habitável. Uma questão que não traz preocupação somente para um dia, um ano ou uma geração; a posteridade está virtualmente envolvida na disputa, e o processo que se desenrola hoje a afetará em menor ou maior grau até o fim dos tempos. Esse é o momento de semear a união, a fé e a honra do continente. A menor rachadura agora será como um nome gravado com a ponta de um prego na casca tenra de um carvalho jovem; a árvore crescerá, aumentando o corte, e o nome será lido pelas gerações futuras num tamanho muito maior.

O fato de se ter passado do debate para a guerra ocorreu porque as ações políticas entraram em um novo estágio; está surgindo uma nova forma de pensar. Todos os planos, propostas etc. anteriores ao dia 19 de abril — ou seja, quando começaram as hostilidades — são como os almanaques do ano passado: embora tenham sido válidos na época, foram deixados de lado e hoje são inúteis.[4] Independentemente do que tenha sido proposto pelos apoiadores de cada lado da questão, tudo foi conduzido ao mesmo caminho: a união com a Grã-Bretanha. A única diferença entre as partes foi o método de execução: uma propunha que se empregasse a força e a outra que se recorresse à amizade. No fim das contas, porém, o uso da força falhou e a amizade perdeu apoio.

Muito já se falou a respeito das vantagens da reconciliação, que, como um sonho bom, passou e nos deixou como estávamos antes. Assim, nada mais justo do que avaliar o argumento do lado contrário e levar em conta alguns dos muitos prejuízos materiais que essas colônias sofrem e sempre sofrerão por serem ligadas à Grã-Bretanha e dependentes dela. É preciso avaliar essa ligação e dependência sob os princípios da natureza e do bom senso, para saber no que devemos confiar se nos separarmos, e o que podemos esperar se continuarmos dependentes.

Ouvi algumas pessoas afirmarem que a América prosperou enquanto durou a sua ligação com a Grã-Bretanha, e que essa mesma ligação é e sempre será necessária para a futura felicidade dela. Nada pode ser mais falacioso do que esse tipo de argumento. Seguindo esse raciocínio, também podemos afirmar que, se uma criança crescer saudável com leite, então nunca devemos lhe dar carne; ou podemos alegar que os primeiros vinte anos de nossa vida se tornarão um precedente para os próximos vinte. Até isso é admitir mais do que a verdade, porque respondo sem hesitar que, mesmo sem a menor ligação com nenhum poder europeu, a América teria prosperado tanto quanto o fez — provavelmente teria prosperado muito mais. A América enriqueceu em virtude do comércio, que é essencial à vida, e contará sempre com um mercado enquanto a Europa tiver o hábito de comer.

Alguns dizem que a Grã-Bretanha nos protegeu. Sem dúvida se ocupou de nós e defendeu o continente à nossa custa, e também à própria custa; e teria protegido a Turquia pelo mesmo motivo — visando ao comércio e ao domínio.

Infelizmente, há muito tempo somos arrastados por antigos preconceitos e fazemos grandes sacrifícios em nome da superstição. Nos enchemos de orgulho por recebermos a proteção britânica, sem levarmos em conta que a motivação dela foi *interesse*, e não *coexistência*; que ela não nos protegeu de nossos *próprios inimigos* por *nossa causa*, mas de *seus inimigos por causa dela*; esses inimigos da Grã-Bretanha *não tinham nenhuma razão* para qualquer rixa conosco, mas sempre serão nossos inimigos *por causa da Grã-Bretanha*. Que ela desista das suas pretensões sobre o continente, ou deixe o continente livre da dependência, e assim poderemos ter paz com a França e a Espanha quando elas estiverem em guerra com a Grã-Bretanha.

As misérias que assolaram Hanover na última guerra deviam nos servir de alerta contra conexões.

Debate-se ultimamente no Parlamento que as colônias não têm relação umas com as outras, e sim por meio de seus países de origem. Desse modo, Pensilvânia e Nova Jersey, e assim sucessivamente para as restantes, são colônias irmãs por intermédio da Inglaterra. Essa é, com certeza, uma maneira bastante tortuosa de provar parentesco, mas é a mais rápida e perfeita para provar inimizade. A França e a Espanha nunca foram, e talvez nunca venham a ser, nossas inimigas por sermos *americanos*, mas por sermos *súditos da Grã-Bretanha*.

Contudo, alguns afirmam que a Grã-Bretanha é o país de origem. Isso torna ainda mais vergonhosa a conduta britânica. Nem mesmo as feras devoram os seus filhotes, e os selvagens não fazem guerra contra suas famílias; portanto, se a afirmação for verdadeira, será motivo de desonra para a Inglaterra. Essa afirmação, porém, não é verdadeira ou o é apenas parcialmente, e a expressão *país de origem* ou *pátria-mãe* foi jesuiticamente adotada pelo rei e seus parasitas com o propósito papista rasteiro de causar uma influência traiçoeira sobre a crédula debilidade de nossa mente. A Europa, não a Inglaterra, é a pátria-mãe da América. Esse novo mundo tem servido de abrigo para os perseguidos amantes da liberdade civil e religiosa de *todas as partes* da Europa. Eles vieram para cá fugindo não dos abraços carinhosos da mãe, mas da crueldade do monstro; e essa verdade a respeito da Inglaterra é tão poderosa que a mesma tirania que expulsou os primeiros imigrantes da própria casa ainda persegue os descendentes deles.

Aqui, nessa gigantesca região do globo, nós nos esquecemos dos estreitos limites de quase 600 quilômetros e compartilhamos nossa amizade com um número maior de pessoas. Confraternizamos com todos os cristãos europeus, e nos regozijamos com a generosidade dessa união.

É prazeroso observar como superamos gradativamente a força de preconceitos locais à medida que ampliamos a nossa familiaridade com o mundo. Um homem nascido em qualquer cidade da Inglaterra dividida em paróquias naturalmente se associará sobretudo com seus companheiros paroquianos (porque seus interesses são comuns em muitos casos) e os distinguirá pelo nome de *vizinhos*; se ele os encontrar a alguns quilômetros de casa, deixará de lado a noção restrita de rua e os identificará como *habitantes*; se ele viajar para fora do condado, e encontrá-los em outro, esquecerá as divisões limitadas de rua e localidade e os identificará como *compatriotas*. Mas, se em suas viagens pelo exterior ele tiver que se reunir com esses companheiros paroquianos na França ou em alguma outra parte da *Europa*, sua memória se ampliará ao identificá-los como *ingleses*. E raciocinando de maneira similar, todos os europeus que se encontram na América, ou em qualquer outra parte do globo, são *compatriotas*, pois, quando comparadas com o globo como um todo, Inglaterra, Holanda, Alemanha e Suécia estão nos mesmos lugares, em escala ampliada, que as divisões de rua, cidade e condado ocupam em uma escala menor. São limites estreitos demais para mentes continentais. Nem um terço dos habitantes, nem mesmo na Pensilvânia, tem ascendência inglesa. Por esse motivo não aceito que a expressão "pátria-mãe" seja aplicada apenas à Inglaterra; trata-se de algo falso, egoísta e mesquinho.

Porém, supondo que fôssemos todos de ascendência inglesa, o que isso significaria? Nada. Sendo agora a Grã-Bretanha um inimigo declarado, extinguem-se todos os nomes e títulos. E dizer que a reconciliação é nosso dever é definitivamente ridículo. O primeiro rei da Inglaterra da linhagem atual (Guilherme, o Conquistador) era francês, e desse país descende a metade dos nobres da Inglaterra. Portanto, se seguirmos a mesma linha de raciocínio, a Inglaterra deveria ser governada pela França.

Muito se tem falado sobre a união de forças entre a Inglaterra e suas colônias, e comenta-se que elas poderiam juntas desafiar o mundo, embora isso seja mera presunção. O destino da guerra é incerto, e essas opiniões não significam nada, porque esse continente jamais toleraria a evasão em massa dos seus habitantes para apoiar o exército britânico na Ásia, África ou Europa.

Além disso, o que ganharíamos desafiando o mundo? Nosso objetivo é o comércio que, se for concluído de forma satisfatória, vai nos assegurar a paz e a amizade da Europa inteira. Porque é do interesse de toda a Europa ter a América como *porto livre*. O comércio com a América sempre será uma garantia, e o fato de não haver ouro nem prata em nossos domínios nos livrará de invasores.

Eu desafio o mais empolgado entusiasta em favor da reconciliação a apontar uma única vantagem que esse continente possa obter numa união com a Grã-Bretanha. Eu repito o desafio, e nem uma simples vantagem me é dada. Nosso milho alcançará seu preço em qualquer mercado europeu, e as mercadorias que importamos serão compradas onde quisermos.

Os prejuízos e as desvantagens que suportamos nessa ligação com a Inglaterra, contudo, são incontáveis; e o nosso dever — com relação à humanidade como um todo e também a nós mesmos — orienta-nos a renunciar à aliança. Qualquer submissão ou dependência da Grã-Bretanha tende diretamente a envolver esse continente em guerras e conflitos europeus, trazendo-nos desavenças com nações que, de outra forma, almejariam a nossa amizade, nações das quais não temos raiva nem queixas. A Europa é o nosso mercado para comercializar, por isso não devemos estabelecer ligação parcial com nenhuma parte dela. O verdadeiro interesse da América é manter-se longe de contendas europeias, coisa que nunca poderá acontecer enquanto durar a sua dependência da Grã-Bretanha e ela estiver à mercê das políticas britânicas.

A Europa abriga reinos demais para ficar em paz por muito tempo; e sempre que uma guerra eclode entre a Inglaterra e qualquer força estrangeira, o comércio da América termina arruinado *devido à sua conexão com a Grã-Bretanha*. A guerra seguinte pode não terminar como a última, e, caso não termine, aqueles que agora defendem a reconciliação vão ansiar pela separação mais tarde — nesse caso, a neutralidade será uma proteção mais segura do que um navio de guerra. Tudo o que se manifesta a favor do que é certo ou natural implora por separação. O sangue dos assassinados, a voz lamentosa da natureza, tudo grita "É HORA DA SEPARAÇÃO!". Até mesmo a distância criada pelo Todo-Poderoso para separar a Inglaterra da América é prova categórica e natural de que a autoridade de uma sobre a outra jamais foi o desígnio do Céu. Também a época em que foi descoberto o continente e a forma como foi povoado acrescentam peso e força ao argumento. A Reforma foi precedida pela descoberta da América, como se o Todo-Poderoso graciosamente quisesse abrir um santuário para pessoas perseguidas em anos futuros, quando sua pátria já não oferecesse mais nem amizade nem segurança.

A autoridade da Grã-Bretanha sobre esse continente é uma forma de governo que, cedo ou tarde, terá um fim. E uma pessoa sensata não pode enxergar nada de bom quando vislumbra o futuro, presa à convicção dolorosa e inegável de que o que ela denomina como "a atual Constituição" seja algo meramente temporário. Nós, como pais, não podemos sentir satisfação sabendo que *esse governo* não durará o suficiente para nos assegurar nada que possamos transmitir à posteridade. O argumento nesse caso é simples: como somos nós a levar a próxima geração ao endividamento, devemos fazer o trabalho dela; caso contrário, a usaremos de forma vil e lamentável. A fim de descobrir qual linha de ação tomar para cumprir corretamente nosso dever, nos colocaremos no lugar de nossos filhos e nos imaginaremos alguns anos à frente no tempo. Essa posição privilegiada exibirá uma perspectiva que alguns medos e preconceitos atuais nos impedem de enxergar.

Ofender as pessoas sem necessidade é algo que não costumo fazer, mas estou inclinado a acreditar que todos aqueles que abraçam a doutrina da reconciliação podem ser incluídos nas descrições a seguir: homens que o fazem por interesse próprio e nos quais não se pode confiar; homens fracos que *não conseguem* enxergar; homens preconceituosos que *não vão* enxergar; e certo grupo de homens moderados que valorizam mais o mundo europeu do que ele merece. E esta última classe, pelo modo imprudente de raciocinar, será a causa de mais calamidades a esse continente do que as outras três juntas.

Muitos têm a sorte de viver longe do cenário de desgraça; o mal não se aproxima da porta *deles* o suficiente para fazê-los sentir a situação precária em que se encontram as propriedades em toda a América. Mas deixemos, por alguns instantes, que a nossa imaginação nos transporte para Boston; deixemos que essa morada da penúria nos ensine a ser sábios e nos oriente, de maneira definitiva, a renunciar a um poder no qual não podemos confiar.[5] Os habitantes dessa cidade desafortunada, os quais poucos meses atrás viviam cercados de felicidade e fartura, agora precisam escolher entre ficar em casa ou sair e mendigar para não morrer de fome. Se continuarem dentro da cidade serão ameaçados por disparos de amigos, e se forem embora serão saqueados pelas tropas. Em sua atual condição, eles são prisioneiros sem esperança de salvação; e se houver um ataque generalizado para libertá-los, serão expostos à fúria de ambos os exércitos.

Homens de temperamento passivo veem com certa complacência os crimes da Grã-Bretanha e, ainda esperando pelo melhor, estão prontos para exclamar alegremente: "Venha, venha, devemos ser amigos de novo, tudo isso é nosso!". Porém, examinem esses homens as paixões e os sentimentos da humanidade. Avaliem a doutrina da reconciliação pelo parâmetro da natureza, e depois me digam se poderiam servir com amor, honra e fé o poder que trouxe para as suas terras a devastação pelo fogo e pela espada. Se não puderem fazer isso, então estão apenas se enganando e, com sua hesitação, condenando a posteridade à ruína. Sua futura ligação com a Grã-Bretanha, a qual vocês não poderão amar nem honrar, será forçada, espúria; e como se baseará apenas na conveniência, em pouco tempo entrará em uma deterioração maior do que a ligação anterior. Porém, se depois de tudo vocês se sentirem inclinados a ignorar as violações deles, então lhes perguntarei: Já tiveram sua casa queimada? Já tiveram sua propriedade destruída bem diante de vocês? E sua mulher e seus filhos se viram sem uma cama para dormir nem pão para comer? Já perderam um pai ou um filho pelas mãos deles, e se tornaram vocês mesmos sobreviventes arruinados e miseráveis? Se não passaram por isso, então não podem julgar aqueles que sim. Mas se vocês já passaram e ainda são capazes de simpatizar com os assassinos, então não merecem ser chamados de marido, pai, amigo ou amante. Seja qual for a sua condição social na vida, sejam quais forem os seus títulos, vocês têm um coração covarde e um espírito bajulador.

    O que se busca não é exagerar as questões, e sim testá-las por meio desses sentimentos e dessas afeições que a natureza corrobora, e sem os quais seríamos incapazes de levar a cabo os deveres sociais da vida, ou de aproveitar as alegrias dela. Minha intenção não é expor o horror para provocar vingança, mas para despertar da sonolência fatal e covarde, pois precisamos perseguir com determinação um objetivo preciso. Nem a Grã-Bretanha nem a Europa serão capazes de conquistar a América se ela não se deixar conquistar por *morosidade* e *timidez*. O atual inverno terá valor inestimável se for explorado do modo correto; mas, se for perdido ou negligenciado, o continente inteiro será tomado pelo infortúnio — e não haverá castigo suficiente para o homem, seja quem for, o que for ou onde estiver, que possa ter contribuído para o sacrifício de uma estação tão preciosa e proveitosa.

É repugnante à razão, à ordem universal das coisas e a todos os exemplos vindos dos séculos anteriores supor que esse continente possa permanecer por mais tempo sujeito a um poderio externo. Ninguém na Grã-Bretanha pensa assim, por mais otimista que seja. A essa altura, nem o grau máximo de sabedoria humana seria capaz de elaborar um plano sem separação, o qual pode assegurar ao continente pelo menos um ano de segurança. A reconciliação é *desde já* um sonho decepcionante. A natureza abandonou o elo, e a arte não pode substituí-la. Segundo as sábias palavras de Milton, "nunca haverá verdadeira reconciliação onde as feridas do ódio mortal rasgaram tão profundamente".[6]

Todos os métodos ordeiros empregados para obter a paz foram ineficazes. Nossas súplicas foram rejeitadas com desdém, e apenas tenderam a nos convencer de que nada alimenta mais a vaidade dos reis nem aumenta a sua inflexibilidade do que pedidos insistentes — e o uso desse recurso foi a maior contribuição para os reis da Europa se tornarem absolutos; a Dinamarca e a Suécia são exemplos. Portanto, já que somente a força bruta surtirá efeito, que lutemos então para realizar uma separação definitiva, e não deixemos para a próxima geração a tarefa de cortar gargantas, profanando e esvaziando o significado das palavras "pai e filho".

Dizer que eles nunca mais tentarão nos atacar é um exercício de adivinhação inútil; pensamos dessa maneira quando a Lei do Selo foi revogada, e nos desapontamos um ano ou dois depois.[7] Seria a mesma coisa supor que uma nação, após ser expulsa, jamais recomeçaria o conflito.

Quanto à questão de governar, não está ao alcance da Grã-Bretanha fazer jus a esse continente. As ações que essa tarefa envolve rapidamente se tornariam opressivas e complexas demais para serem administradas (com um grau de conveniência aceitável) por um poder tão distante de nós, e que tão pouco sabe sobre nós; porque se eles não podem nos conquistar, não podem nos governar. Ter sempre de percorrer mais de seis mil quilômetros com um relato ou uma petição, e esperar quatro ou cinco meses por uma resposta que, quando obtida, exigiria mais cinco ou seis meses para explicações, em poucos anos nos levaria a perceber o quanto isso é estúpido e infantil. Houve um tempo em que era apropriado, e há um tempo apropriado para terminar.

Pequenas ilhas incapazes de se proteger são o alvo perfeito para que reinos a tomem, mas é um grande absurdo supor que um continente possa ser perpetuamente governado por uma ilha. Em momento nenhum a natureza fez um satélite maior que o seu planeta, e como a Inglaterra e a América, uma com relação à outra, invertem a ordem natural das coisas, é evidente que pertençam a sistemas diferentes: a Inglaterra pertence à Europa, e a América pertence a si mesma.

O que me leva a abraçar a doutrina da separação e da independência não são motivos de orgulho, opção partidária ou ressentimento. Eu estou clara, positiva e conscientemente convencido de que ser independente é o verdadeiro interesse desse continente. Estou convencido de que apenas *isso* é importante, e tudo o mais é paliativo e não pode proporcionar felicidade duradoura — negar esse caminho seria ceder ao medo e deixar para nossos filhos a tarefa de empunhar a espada, quando falta tão pouco, um passo apenas, para transformar esse continente na glória da Terra.

Como a Grã-Bretanha não manifestou a menor disposição para se chegar a um acordo, podemos ter certeza de que nenhuma condição que possa ser obtida valerá a pena para o continente. Só podemos esperar disso a mesma perda de sangue e de riquezas já imposta a nós.

O objeto que é alvo de disputa deve sempre render algo que justifique as despesas necessárias para obtê-lo. A destituição de North, ou de toda a detestável camarilha, é uma questão que não vale os milhões que gastamos. Uma paralisação temporária dos negócios seria um preço aceitável a ser pago pela revogação de todas as leis denunciadas, se essas revogações tivessem sido obtidas. Porém, se todo o continente precisar pegar em armas e se todos os homens tiverem de combater como soldados, para nós, não será nada vantajoso lutar contra um ministério desprezível apenas. Já pagaríamos muito caro pela revogação das leis, se lutássemos apenas por isso — numa estimativa justa, é uma estupidez enorme pagar uma montanha de dinheiro por uma lei ou pela terra.

Eu sempre considerei a independência desse continente um evento que ocorreria mais cedo ou mais tarde. E tendo em vista o avanço rápido do continente rumo à maturidade, esse evento não deve tardar. Portanto, quando irromperem as hostilidades, não terá valido a pena o esforço de disputa por uma pendência que o próprio tempo teria cuidado de reparar, a menos que as intenções fossem sérias. Caso contrário, seria como desperdiçar patrimônio num processo legal para buscar reparação, por violações de direito, contra um arrendatário cujo contrato está prestes a expirar. Nenhum homem defendeu a reconciliação com mais fervor do que eu, antes do fatídico dia 19 de abril de 1775,[8] contudo, no momento em que o fato ocorrido na referida data foi revelado, rejeitei para sempre o sombrio e desumano Faraó da Inglaterra. E desprezo o miserável que com o pretenso título de PAI DO SEU POVO é capaz de se manter impassível ao ser informado da matança dessas pessoas e dormir tranquilamente com o sangue delas nas mãos.

Supondo-se que as questões estivessem agora resolvidas, no entanto, o que haveria de acontecer? Eu respondo: a ruína do continente. E por vários motivos:

Primeiro. O poder de governar ainda permaneceria nas mãos do rei, e isso teria um impacto negativo sobre toda a legislação desse continente. E como ele tem se mostrado um inimigo implacável da liberdade, com sede cada vez maior de poder arbitrário, não seria o homem perfeito para dizer a essas colônias: "Podem fazer leis, mas só as que me agradarem"? E existe na América algum habitante tão ignorante a ponto de não saber que esse continente — de acordo com o que se denomina *atual Constituição* — não pode fazer leis exceto as permitidas pelo rei? E há algum homem tão insensato a ponto de não enxergar que (considerando o que aconteceu) o rei não vai tolerar nenhuma lei feita aqui, a não ser que sirva aos propósitos *dele*? Podemos ser eficazmente escravizados tanto pela escassez de leis na América quanto pela obediência às leis criadas para nós, na Inglaterra. Depois que as questões forem resolvidas (por assim dizer), restará ainda alguma dúvida de que a Coroa empregará todo o seu poder para manter esse continente tão destituído e humilhado quanto possível?

Em vez de avanço e desenvolvimento, teríamos apenas retrocesso, estaríamos perpetuamente envolvidos em contendas e pateticamente apresentando demandas. Já somos maiores do que o rei gostaria que fôssemos; será que daqui para a frente ele não se esforçará para nos tornar menores? Essa é a questão. O poder que inveja a nossa prosperidade seria o poder adequado para nos governar? Todo aquele que responder NÃO a essa pergunta é um indivíduo *independente*, porque independência significa simplesmente isso: nós mesmos fazemos nossas leis ou elas serão feitas pelo rei, o maior inimigo que esse continente tem ou pode ter, e que nos diz "as *únicas leis que existirão serão aquelas que me agradarem*".

Mas vocês dirão que o rei tem poder de veto na Inglaterra; lá o povo não pode fazer leis sem a aprovação dele. Em nome do direito e da boa ordem, não deixa de ser extremamente ridículo que um jovem de 21 anos (algo que costuma acontecer) diga a vários milhões de pessoas mais velhas e mais sábias que ele: "Eu proíbo que essa ou aquela resolução de vocês se torne lei". Aqui eu me recuso a aceitar semelhante declaração, embora nunca me canse de expor esse absurdo, e respondo apenas que a Inglaterra é a residência do rei, não a América, o que faz toda a diferença. O veto do rei *aqui na América* é dez vezes mais perigoso e fatal do que pode ser na Inglaterra, porque *lá* dificilmente ele negará seu consentimento a um projeto de lei que vise fortalecer o máximo possível a segurança da Inglaterra, e na América ele jamais permitiria que um projeto de lei como esse fosse aprovado.

A América tem apenas importância secundária no sistema político britânico; a Inglaterra leva em conta o bem da América *apenas* quando é vantajoso para *ela própria*. Portanto, o próprio interesse dela a leva a interromper o *nosso* crescimento sempre que não lhe trouxer vantagem ou que a impedir de ter alguma. Em que maravilhosa situação estaremos em breve, conduzidos por esse governo de segunda mão, considerando o que aconteceu! Inimigos não se tornam amigos mediante a alteração de um nome; e a fim de mostrar que a reconciliação *agora* é uma doutrina perigosa, eu afirmo que *faz parte da estratégia do rei, nesse momento, revogar as leis com o intuito de reassumir o governo das províncias*. Dessa maneira, *ele pode,* POR MEIO DE DIPLOMACIA E ASTÚCIA, REALIZAR A LONGO PRAZO O QUE NÃO CONSEGUIU POR MEIO DA FORÇA E DA VIOLÊNCIA NO CURTO PRAZO. Reconciliação e ruína andam lado a lado.

Segundo. Até mesmo as melhores condições que nós poderíamos ter esperado talvez não passem de um expediente temporário, ou de uma espécie de governo de tutela, o qual pode durar não mais do que o tempo que as colônias levam para alcançar a maioridade. Nesse ínterim, o aspecto geral e o estado das coisas serão confusos e duvidosos. Emigrantes com posses não escolherão vir a um país cuja forma de governo esteja por um fio, e que todos os dias cambaleie à beira da comoção e do distúrbio; e boa parte da população aproveitaria o momento de transição para se desfazer dos seus bens e partir do continente.

Porém, o mais poderoso dos argumentos é que nada exceto a independência, ou seja, uma forma continental de governo, pode manter a paz do continente e evitar que seja maculado por guerras civis. Eu temo que uma reconciliação com a Grã-Bretanha agora seja muito provavelmente acompanhada por uma revolta em algum lugar, com consequências bem mais fatais do que toda a perversidade britânica.

Milhares já foram arruinados pela barbaridade britânica (e milhares de outros provavelmente terão o mesmo destino). Os sentimentos desses homens são diferentes dos sentimentos de pessoas como nós, que nada sofreram. Tudo o que eles possuem *agora* é liberdade; o que desfrutavam antes foi sacrificado por ela, e como eles não têm mais nada a perder, desprezam a submissão. Além do mais, a atitude geral das colônias com relação ao governo britânico será parecida com a de um jovem apressado e sem tempo: elas não vão dar muita importância ao governo. E um governo que não consegue preservar a paz não é governo de maneira nenhuma, e nesse caso nós entregamos o nosso dinheiro em troca de nada. Alguém me diga, por favor, o que a Grã-Bretanha — cujo poder estará inteiramente no papel — haveria de fazer caso uma rebelião civil irrompesse no dia seguinte ao da reconciliação? Eu tenho ouvido muitos homens dizerem — muitos dos quais acredito que falam sem pensar — temer a independência, pois desconfiam de que ela levará a guerras civis. Nossas primeiras considerações acerca de um tema quase nunca são realmente corretas, e esse é o caso aqui, pois é dez vezes mais perigoso um arremedo de conexão do que a independência. Faço minha a causa dos sofredores, e declaro que, se eu tivesse sido expulso de casa, se ficasse sem eira nem beira, com minha propriedade destruída e destituído dos meus bens materiais, como um homem sensível à injustiça, eu jamais poderia apreciar a doutrina da reconciliação ou me considerar ligado a ela.

As colônias manifestaram inequívoca atitude de boa ordem e obediência ao governo continental, e isso é o bastante para que todas as pessoas sensatas se sintam felizes e tranquilas sob essa liderança. Ninguém pode apresentar pretexto algum para os seus medos, sob nenhum aspecto, a não ser com a argumentação infantil e ridícula de que as colônias irão competir umas com as outras em busca de superioridade.

Onde não existem distinções não pode haver superioridade; a igualdade perfeita não proporciona tentações. As repúblicas da Europa estão todas (e sempre, diga-se de passagem) em paz. A Holanda e a Suíça não têm guerras, externas nem internas. É verdade que governos monárquicos nunca permanecem muito tempo em paz; a própria Coroa é uma tentação para rufiões aventureiros *em seu próprio lar*. O orgulho e a insolência em graus elevados, sempre presentes na autoridade real, intensificam-se até levar à ruptura com potências estrangeiras; numa situação dessas, um governo republicano — por ser formado segundo princípios mais naturais — resolveria o desacerto por meio de tratativas.

O que verdadeiramente pode fazer as pessoas temerem a independência é o fato de que nenhum plano foi ainda estipulado. As pessoas não a veem como uma solução. Portanto, como uma introdução a essa questão, passo a oferecer algumas sugestões. Ao mesmo tempo, afirmo modestamente minha crença de que elas possam ser o início de algo melhor. Se pudéssemos coletar os pensamentos beligerantes dos indivíduos, seria possível frequentemente reunir com eles material para que argumentos úteis fossem aprimorados e transformados por homens sábios e capazes.

Que as Assembleias sejam anuais, com um presidente apenas. Que a representação seja mais equitativa. Que seus assuntos sejam totalmente regionais, e sujeitos à autoridade de um Congresso Continental.[9]

Que cada colônia seja dividida em seis, oito ou dez distritos coligados, e que cada distrito envie um número apropriado de delegados ao Congresso; cada colônia deverá enviar pelo menos 30 deles. O número total no Congresso será, então, de 390 delegados, no mínimo. Cada Congresso se reunirá e escolherá um presidente pelo seguinte método: quando os delegados se reunirem, que uma colônia seja escolhida entre todas as treze por sorteio; e, depois, que o Congresso inteiro escolha (por votação) um presidente entre os delegados *daquela* província. No próximo Congresso, que uma colônia seja escolhida por sorteio entre as doze restantes — pois será deixada de fora aquela da qual o presidente havia sido escolhido no Congresso anterior —, e assim continuamente, até todas as treze colônias terem participado do revezamento. E para que nada possa ser transformado em lei a menos que seja satisfatoriamente justo, não menos que três quintos do Congresso serão considerados maioria. Que se junte a Lúcifer em sua revolta quem quiser promover a discórdia mesmo sob um governo organizado de forma tão igualitária.

Existe, porém, um ponto delicado: de quem, ou de que maneira, essa questão deve surgir primeiro? Como parece mais conveniente e coerente que isso surja de algum corpo intermediário entre governados e governantes, isto é, entre o Congresso e o povo, que uma CONFERÊNCIA CONTINENTAL seja organizada do seguinte modo, e de acordo com o seguinte propósito:

Com um comitê de 26 membros do Congresso, isto é, dois membros de cada colônia; dois membros de cada Casa da Assembleia, ou Convenção Provincial; e cinco representantes do povo em geral, a serem escolhidos na capital de cada província para representá-la, por tantos eleitores qualificados quanto se julgar necessário reunir, vindos de todas as partes da província para esse propósito. Ou então, se for mais conveniente, os representantes podem ser escolhidos em duas ou três das partes mais populosas da província. Nessa conferência, configurada dessa forma, serão reunidos os dois grandes princípios da questão: *conhecimento* e *poder*. Por terem adquirido experiência em assuntos nacionais, os membros dos Congressos, das Assembleias ou das Convenções serão conselheiros capazes e úteis, e o grupo como um todo, aprovado pelo povo, terá genuína autoridade legal.

Uma vez reunidos os membros sugeridos, que o assunto seja elaborar uma CARTA CONTINENTAL ou uma Carta das Colônias Unidas (semelhante à Magna Carta da Inglaterra) para determinar o número e a maneira de escolher membros do Congresso e da Assembleia, com a data da sessão, descrevendo a linha de trabalho e a jurisdição entre eles (sempre lembrando que a nossa força é continental, não provincial). Deve-se assegurar a liberdade e a propriedade a todos os homens, e sobre todas as coisas o livre exercício da religião, de acordo com os ditames da consciência — essas e outras questões que uma Carta deve conter. Imediatamente depois disso, a referida Conferência será dissolvida. Quanto às pessoas que serão escolhidas conforme a referida Carta para serem, temporariamente, legisladores e governadores desse continente: que Deus lhes preserve a paz e a alegria, amém.

Se no futuro um grupo de homens for nomeado para esse propósito, ou para algum similar, ofereço-lhes a seguinte passagem escrita por Dragonetti,[10] um sábio observador de governos:

"A ciência do político consiste em estabelecer o verdadeiro equilíbrio entre felicidade e liberdade. Seriam dignos de eterna gratidão os homens que descobrissem uma forma de governo que permitisse a maior soma de felicidade individual com o menor custo para a nação".

"Mas onde está o rei da América?", alguns perguntam. Vou dizer a você, amigo: ele reina no alto, e não promove a destruição da humanidade como faz a Real Besta da Grã-Bretanha. No entanto, para não parecermos falhos mesmo em honras terrenas, que seja solenemente reservado um dia para a Carta ser proclamada. Que ela seja produzida em conformidade com a lei divina, a Palavra de Deus; que uma coroa seja colocada nela para fazer o mundo saber que na América A LEI É O REI, na única monarquia que aprovamos. Porque, se em governos absolutos o rei é a lei, então em países livres a lei *deve ser* o rei; e não poderá existir outro. Mas, para depois não haver nenhum uso indevido, que ao término da cerimônia a coroa seja destruída e lançada ao povo, ao qual ela pertence.

Formar o nosso próprio governo é nosso direito natural. E quando um homem reflete seriamente acerca da precariedade das questões humanas, ele se convence de que é muito mais sábio e seguro que a nossa Constituição seja criada por nós — de forma deliberada e tranquila, e enquanto temos essa possibilidade — do que confiar ao tempo e ao acaso um evento tão importante. Se nos omitirmos quanto a isso agora, algum Massanello[11] pode argumentar, no futuro, que quem se apodera de inquietudes populares pode arrebanhar o desesperado e o descontente, e pode, ao assumir os poderes do governo, varrer as liberdades do continente como um dilúvio. Caso o governo da América volte para as mãos da Grã-Bretanha, a situação de instabilidade será uma tentação para um aventureiro perigoso arriscar a sorte; nesse caso, que socorro poderia nos dar os britânicos? Antes mesmo de as notícias chegarem à Grã-Bretanha, o pior já estaria consumado, e nós sofreríamos como os infelizes bretões sob a opressão do Conquistador. Aqueles que se opõem à independência agora não sabem o que estão fazendo; estão abrindo uma porta para a tirania eterna ao manter vago o assento do governo. Existem milhares, dezenas de milhares de indivíduos que considerariam glorioso o ato de expulsar do continente esse poder bárbaro e diabólico, que tem incitado negros e índios a nos destruírem.[12] Assim, a crueldade carrega dois crimes: lança-se de modo brutal sobre nós e traiçoeiramente sobre eles.

É insano e insensato falar de amizade com pessoas nas quais nossa razão nos proíbe de confiar, e nossos sentimentos feridos nos orientam fortemente a detestar. Dia a dia se desgastam os resquícios de afinidade entre nós e eles. E existe algum motivo para esperar que quando o relacionamento se extinguir a afeição aumentará, ou que nos entenderemos mais facilmente quando nossos interesses conflitantes forem muito maiores do que jamais foram?

Aqueles que nos falam sobre harmonia e reconciliação podem nos devolver o tempo que passou? Podem devolver à prostituição sua antiga inocência? Não, assim como não podem reconciliar a Grã-Bretanha e a América. O último laço está agora rompido, o povo da Inglaterra tem se manifestado contra nós. Existem ofensas que a natureza não pode perdoar; ela deixaria de ser natureza se o fizesse. O continente não pode perdoar os assassinatos da Grã-Bretanha, assim como o amante não pode perdoar o violador de sua amada. O Todo-Poderoso plantou em nós essa inextinguível atração por propósitos bons e sábios. Esses propósitos são os guardiões da Sua imagem em nosso coração. Eles nos diferenciam da manada de animais comuns. Fôssemos nós insensíveis ao apelo dos bons sentimentos, a cadeia social se dissolveria e a justiça seria extirpada da face da Terra, ou teria apenas uma existência casual. O ladrão e o assassino escapariam impunes com frequência se as afrontas que o nosso espírito suporta não nos impelissem a buscar justiça.

Todos aqueles que amam a humanidade, aqueles que têm coragem de se opor não apenas à tirania, mas também ao tirano, apresentem-se! Cada local do velho mundo está infestado de opressão. A liberdade foi caçada em toda parte do globo. A África e a Ásia já a expulsaram há muito tempo. A Europa a vê como uma estranha, e a Inglaterra advertiu-a de que partisse. Então recebam a fugitiva, e preparem um refúgio para a humanidade enquanto ainda há tempo!

Da atual capacidade da América, com algumas reflexões diversas

EU NUNCA ENCONTREI UM HOMEM, NA INGLATERRA OU NA América, que não tenha confessado a sua opinião de que a separação entre os países acabaria acontecendo mais cedo ou mais tarde. E não há caso no qual tenhamos demonstrado menos discernimento do que no esforço para descrever o que chamamos de amadurecimento ou capacidade do continente para a independência.

Tendo em vista que todos os homens são de opinião favorável à medida e divergem apenas com relação ao tempo, vamos, a fim de eliminar enganos, fazer uma análise geral da situação para tentar, se possível, encontrar o momento *certo*. Mas não precisaremos ir muito longe; a análise cessa imediatamente, pois *o momento nos encontrou*. A combinação de elementos, a gloriosa união de todas as coisas prova esse fato.

A nossa grande força não se situa nos números, mas na unidade — ainda que nossas tropas sejam atualmente numerosas o bastante para repelir os exércitos do mundo todo. Nesse momento, o continente possui um corpo maior de homens armados e treinados do que o de qualquer potência na face da Terra. E o continente alcançou um patamar ideal de força; uma colônia isolada não é capaz de se defender sem ajuda, mas todas elas, quando unidas, podem confrontar o inimigo. Se esse patamar de força fosse inferior ou superior ao que se apresenta, os efeitos disso seriam fatais. Nossa força terrestre é respeitável, e quanto às questões navais, não podemos ser insensíveis ao fato de que a Grã-Bretanha jamais permitirá que um navio de guerra americano seja construído enquanto o continente permanecer em suas mãos. Portanto, é pouco provável que daqui a cem anos nós estejamos mais avançados nesse campo do que estamos agora; na verdade, provavelmente teremos avançado pouco nesse espaço de tempo, pois a madeira desse país diminui a cada dia, e a que restar estará em locais remotos, de difícil obtenção.

Se o continente estivesse repleto de habitantes, seu sofrimento sob as atuais circunstâncias seria intolerável. Quanto mais cidades portuárias tivermos, mais cidades precisaremos defender e perder. Atualmente elas são perfeitamente proporcionais em número às nossas necessidades, de tal forma que nenhum homem fica desocupado. A diminuição do comércio beneficia o exército, e as necessidades de um exército criam um novo comércio.

Nós não temos nenhuma dívida; e qualquer dívida que essa causa nos leve a contrair servirá como uma gloriosa lembrança da nossa virtude. Se pudermos transmitir à posteridade uma forma de governo legitimada, com uma Constituição independente, todo e qualquer valor gasto terá sido pouco. Mas gastar milhões apenas para conseguir a anulação de umas poucas leis indignas e o desmantelamento do atual ministério é realizar uma despesa inútil e deixar um legado cruel. Se feito assim, uma grande parte do trabalho a ser realizado será deixada para as próximas gerações, além de uma dívida com a qual terão de arcar e que não lhes trará nenhuma vantagem. Essa ideia é indigna de um homem de honra, e um recurso típico de pessoas de espírito tacanho e de políticos tratantes.

Se o trabalho for realizado, a dívida que podemos contrair não deve ser motivo de preocupação. Uma dívida nacional é um título do governo; e quando não produz juro, não é nenhum problema.

A Grã-Bretanha está presa a uma dívida que supera 140 milhões de libras esterlinas, pela qual ela paga mais de 4 milhões em juro. Como compensação por essa dívida, porém, ela tem uma grande esquadra. A América não tem dívida, mas também não tem esquadra; e com a vigésima parte da dívida nacional inglesa, a América poderia ter uma frota de guerra tão grande quanto. A Marinha de Guerra da Inglaterra não vale hoje mais do que 3,5 milhões de libras esterlinas.

A primeira e a segunda edições desse panfleto foram publicadas sem os cálculos a seguir, que agora são mostrados como prova de que é justa a estimativa de valor da armada mencionada no parágrafo anterior.

Eis os custos para construir cada tipo de embarcação e para equipá-las com mastros, velas e cordame, junto com uma estimativa de oito meses de trabalho de carpintaria e do contramestre, segundo o cálculo do sr. Burchett, secretário da Marinha.

QUANTIDADE DE CANHÕES NA EMBARCAÇÃO	CUSTO (EM LIBRAS)
100	35.553
90	29.886
80	23.638
70	17.785
60	14.197
50	10.606
40	7.558
30	5.846
20	3.710

A partir desses dados é fácil calcular o valor total, ou mais precisamente o custo, de toda a armada britânica, que no ano de 1757 — no auge de sua glória — consistia nos seguintes navios e canhões:

NAVIOS	CANHÕES	CUSTO UNITÁRIO (EM LIBRAS)	CUSTO TOTAL (EM LIBRAS)
6	100	55.553	213.318
12	90	29.886	358.632
12	80	23.638	283.656
43	70	17.785	764.755
35	60	14.197	496.895
40	50	10.605	424.240
45	40	7.558	340.110
58	20	3.710	215.180
85 corvetas, bombardas e navios incendiários	—	2.000	170.000

Custo	3.266.786
Restante para os canhões	233.214
TOTAL	3.500.000

Nenhum país no planeta é tão capaz internamente de produzir uma armada nem é tão bem localizado para isso. Betume, madeira, ferro e cordame são matérias-primas da região. Não precisamos viajar ao estrangeiro para nada. Já os holandeses, que obtêm grandes lucros alugando os seus navios de guerra para os espanhóis e os portugueses, são obrigados a importar a maioria dos materiais que usam. Devíamos pensar na construção de uma armada como uma iniciativa de cunho comercial, tendo em vista a indústria natural desse país. É o melhor destino que poderíamos dar ao nosso dinheiro. Quando terminada, uma armada vale mais do que custa. E esse é um aspecto importante em política nacional, na qual comércio e proteção são coisas relacionadas. Deixem-nos construir a frota de guerra; se não a quisermos, poderemos vendê-la, e assim nosso papel-moeda nos será devolvido na forma de ouro e prata.

Quanto a tripular uma armada, as pessoas costumam cometer grandes erros; não é necessário que um quarto da tripulação seja composto de marinheiros. O capitão Death, comandante do navio de guerra *The Terrible*, envolveu-se no combate náutico mais encarniçado no último ano, embora não tivesse nem 20 marinheiros a bordo do navio, que suportava mais de 200.[13] Alguns bons marinheiros capazes ensinarão rapidamente a um número suficiente de trabalhadores inexperientes as tarefas a serem feitas numa embarcação. Portanto, o momento é mais propício do que nunca para ingressarmos em questões marítimas, pois nossa madeira é farta, nossas regiões de pesca estão bloqueadas e os nossos marinheiros e armadores, desempregados. Navios de guerra dotados de 70 e 80 canhões foram construídos 40 anos atrás na Nova Inglaterra, então por que isso não pode se repetir agora? A construção naval é o maior orgulho da América, e com o tempo ela vai suplantar todo o mundo nessa atividade. Os grandes impérios do Leste são terrestres em sua maioria e, em consequência disso, não têm chance de rivalizar com a América. A África se encontra em estado de barbárie e nenhuma potência na Europa tem uma extensão costeira tão ampla quanto a da América, nem um suprimento interno de materiais que se compare ao dela. Quando a natureza concede uma dessas vantagens, nega a outra; mas ela concedeu generosamente para a América ambas as vantagens. O vasto império da Rússia é quase destituído de mar; em vista disso, suas florestas ilimitadas, seu betume, seu ferro e seu cordame são produtos apenas para comércio.

Não contar com uma armada pode comprometer a nossa segurança? Hoje não somos mais aquele povo modesto de 60 anos atrás, que não temia pela segurança de suas propriedades e dormia tranquilo, sem trancas ou ferrolhos nas portas e janelas. A situação agora é diferente, e nossos métodos de defesa têm de se aprimorar com o incremento do nosso patrimônio. Doze meses atrás, um pirata comum poderia ter chegado por Delaware e colocado sob ameaça de ataque a cidade da Filadélfia, exigindo o pagamento que bem quisesse; e o mesmo poderia ter acontecido em outros lugares. Pior ainda, qualquer aventureiro com coragem suficiente, num navio de dois mastros de 14 ou 16 canhões, poderia ter tomado de assalto o continente inteiro e amealhado meio milhão ao final. Essas circunstâncias demandam a nossa atenção, e salientam a necessidade de proteção naval.

Algumas pessoas provavelmente dirão que, depois de fazermos as pazes, a Grã-Bretanha nos protegerá. Como podemos ser tão ingênuos a ponto de acreditar que a Grã-Bretanha vai manter uma esquadra em nossos portos para essa finalidade? O bom senso nos fará perceber que o poder empenhado para nos subjugar é, entre todos os outros, o mais inadequado para nos defender. A conquista pode ser realizada sob o pretexto da amizade; e até mesmo nós, depois de uma brava e demorada resistência, no fim acabamos iludidos pela servidão. E se os navios britânicos não se estabelecerem em nossos portos, como a Grã-Bretanha poderá nos proteger? Uma esquadra a quase 6,5 mil quilômetros de distância não tem muita utilidade, e é completamente inútil em casos de emergência. Portanto, se de agora em diante nós realmente tivermos que cuidar da nossa própria proteção, por que não fazer isso já, com nosso próprio esforço? Por que esperar que outros o façam?

A lista inglesa de navios de guerra é longa e formidável, mas nem a décima parte deles está preparada para entrar em ação de imediato, e muitos deles nem mesmo existem; seus nomes são pomposamente mantidos na lista, mas não será nenhuma surpresa se não restar nem uma prancha do navio. E nem a quinta parte dos que estão em condições de uso pode ser deixada simultaneamente de prontidão num local determinado. O Oriente, as Índias Ocidentais, o Mediterrâneo Oriental, a África e outras regiões as quais a Grã-Bretanha almeja controlar exigem um enorme esforço da sua Marinha. Por uma junção de preconceito e negligência, nós nos apegamos a uma falsa noção a respeito da Marinha inglesa, e falamos como se pudéssemos contar com ela em peso num confronto. É supostamente por essa razão que devíamos ter uma armada tão grande quanto a inglesa; como não é possível que isso aconteça de imediato, um grupo de Tories disfarçado tem sido usado para desencorajar nossos esforços iniciais nesse sentido. Nada pode estar mais distante da verdade do que isso, porque a América já seria páreo para a Grã-Bretanha se tivesse somente a vigésima parte de sua força naval. Como não temos domínio sobre terras estrangeiras nem reivindicamos algo do tipo, toda a nossa força seria empregada no nosso próprio litoral, onde obteríamos, a longo prazo, uma grande vantagem sobre aqueles que precisassem navegar cinco ou seis mil quilômetros antes de conseguirem nos atacar, e que ainda precisariam retornar a mesma distância para reabastecer, fazer reparos e recrutar. E embora a Grã-Bretanha, por meio da sua armada, possa vigiar o nosso comércio com a Europa, nós também podemos vigiar os negócios dela com as Índias Ocidentais, que por serem próximas do continente estão inteiramente à sua mercê.

Se não julgarmos necessário manter uma armada permanente, então será preciso recorrer a algum método para manter uma força naval em tempos de paz. Se os comerciantes recebessem recompensas para construir e empregar a seu serviço navios equipados com 20, 30, 40 ou 50 canhões — as recompensas seriam concedidas de acordo com a perda de carga dos comerciantes —, 50 ou 60 dessas embarcações, com alguns navios da guarda costeira em vigilância constante, comporiam uma armada satisfatória. E assim não precisaríamos arcar com o mal do qual a Inglaterra tanto se queixou — o prejuízo de ter a sua frota apodrecendo nas docas em tempos pacíficos. Reunir as fontes de financiamento do comércio e da defesa é boa política, afinal, quando as nossas forças e riquezas se combinam, o inimigo externo deixa de ser uma preocupação.

Possuímos, em abundância, quase todos os itens necessários para a nossa defesa militar. O cânhamo floresce com tamanha exuberância que nem precisaremos de cordame. Nosso ferro é superior ao dos outros países. Nossas armas ligeiras nada deixam a desejar às que existem no mundo. Podemos produzir canhões à vontade. Produzimos salitre e pólvora todos os dias. Nosso conhecimento se aprimora continuamente. Determinação é nossa característica inerente, e a coragem nunca nos abandonou até hoje. Portanto, do que é que precisamos? Por que hesitamos? Da Grã-Bretanha, não podemos esperar nada além de ruína. Se a ela for novamente conduzir o governo da América, viver nesse continente não vai valer a pena. Inveja e desavenças serão presença constante; revoltas acontecerão o tempo todo; e quem se apresentará para solucioná-las? Quem vai arriscar a vida para sujeitar seus compatriotas à obediência ao estrangeiro? A disputa entre Pensilvânia e Connecticut a respeito de algumas terras não demarcadas mostra a insignificância de um governo britânico, e prova definitivamente que nada, a não ser a autoridade continental, pode regular questões continentais.

Outra razão pela qual o tempo atual é preferível a todos os outros: quanto menor for o nosso número, mais terras ainda restarão desocupadas; e em vez de serem fartamente distribuídas pelo rei aos seus dependentes inúteis, no futuro poderão ser usadas não apenas para abater a dívida atual, mas também para ser um constante apoio ao governo. Nenhuma nação sob o céu conta com uma vantagem dessa.

O pouco tempo de existência das colônias está longe de ser um argumento contra a independência; na verdade é um argumento favorável a ela. Nossa população é suficientemente numerosa, talvez fôssemos menos unidos se estivéssemos em número maior. Essa questão merece a observação de que, quanto maior é a população de um país, menores são seus exércitos. Em números militares, os antigos superam em muito os modernos. E a razão para isso é evidente: o aumento da população faz crescer a necessidade de comércio, e assim os homens se tornam ocupados demais para cuidar de qualquer outra coisa. O comércio diminui a disposição para o patriotismo e para a defesa militar. E a história nos mostra com riqueza de exemplos que os feitos mais valorosos foram sempre realizados na juventude de uma nação. Com o incremento do comércio, a Inglaterra perdeu a disposição. A cidade de Londres, apesar de toda a sua população, submete-se a insultos contínuos com uma paciência covarde. Quanto mais os homens têm a perder, menos se dispõem ao risco. Em geral os ricos são escravos do medo, e submetem-se ao poder dos nobres com a duplicidade trêmula de um cãozinho.

É na época da juventude que os bons hábitos são plantados, e isso serve tanto para os indivíduos quanto para as nações. Pode ser difícil, senão impossível, dar ao continente um governo daqui a meio século. A larga variedade de interesses ocasionada pelo crescimento do comércio e da população criaria confusão. As colônias ficariam contra si mesmas. E uma seria capaz de desprezar a ajuda das outras: os orgulhosos e os tolos iriam se vangloriar de suas pequenas distinções, enquanto os sábios lamentariam que a união não tivesse sido definida antes. Portanto, o *momento atual* é o *verdadeiro momento* para estabelecer essa união. A intimidade que começa na infância e a amizade que se forma no infortúnio são mais duradouras e imutáveis do que todas as demais. Nossa atual união tem como marca estas duas características: somos jovens e passamos por sofrimentos, mas a nossa harmonia resistiu aos nossos problemas e prepara uma era memorável para a posteridade se gloriar.

Da mesma forma, a ocasião que atualmente vivemos é rara, e só acontece a uma nação uma única vez: é o momento de nos tornarmos um governo. As nações, em sua maioria, deixaram escapar essa oportunidade, e assim acabaram forçadas a acatar leis feitas por seus conquistadores em vez de fazerem as próprias. Elas tiveram primeiro um rei, e depois uma forma de governo. Contudo, as leis ou a Carta de governo deveriam ter sido elaboradas em primeiro lugar, e depois homens teriam sido designados para executá-las. Que possamos aprender com os erros das outras nações e agarrar a oportunidade que agora se apresenta — *a oportunidade de começar o governo do jeito certo*.

Quando Guilherme, o Conquistador, subjugou a Inglaterra, impôs a lei por meio da força; e enquanto nós não permitirmos que o assento do governo na América seja ocupado de maneira legal e autorizada, corremos o risco de ver instalado nele um desses rufiões afortunados, que provavelmente nos dará o mesmo tratamento dado à Inglaterra. Nesse caso, onde estará a nossa liberdade? E a nossa propriedade?

Quanto à religião, eu acredito que seja dever indispensável de todo governo proteger cada adepto consciente dela, e não sei o que mais o governo teria a ver com a questão. Mantenha um homem longe da estreiteza de alma, do egoísmo de princípios do qual os mesquinhos de todas as religiões relutam tanto em se separar, e ele se libertará imediatamente dos seus medos a respeito desse tema.

A desconfiança é companheira das almas medíocres, e perdição de toda boa sociedade. Eu acredito, completa e plenamente consciente, ser a vontade do Todo-Poderoso que haja diversidade de opiniões religiosas entre nós; isso amplia o campo de ação da nossa gentileza cristã. Se todos pensássemos da mesma maneira, nossas disposições religiosas careceriam de pontos a serem verificados; por meio do princípio liberal, porém, vejo as várias denominações entre nós como filhos de uma mesma família, que diferem apenas em seus nomes cristãos.

Em uma passagem anterior deste texto sugeri algumas ideias a respeito da conveniência de uma Carta Continental (pois desejo apenas fornecer conselhos, não planos). Agora, tomo a liberdade de retomar o assunto, demonstrando que uma Carta precisa ser compreendida como um vínculo de compromisso solene, que o todo celebra para dar sustentação ao direito de cada uma das partes à religião, à liberdade pessoal ou à propriedade. Acordos sólidos e contas ajustadas constroem boas amizades.

Em uma passagem anterior também mencionei a necessidade de uma ampla e equitativa representação; e não há questão política que mereça mais a nossa atenção. É igualmente perigoso ter um pequeno número de eleitores ou um pequeno número de representantes. Mas se o número de representantes não for somente pequeno, e sim desigual, o perigo será ainda maior. Como exemplo, menciono o seguinte: quando a petição dos milicianos[14] foi apresentada à Assembleia da Pensilvânia, apenas 28 membros estavam presentes; todos os oito do condado de Bucks votaram contra ela, e se sete dos membros de Chester fizessem o mesmo, a província inteira seria governada por dois condados apenas. A província está sempre sujeita a esse risco. Da mesma forma, o injustificável esforço feito pela referida Assembleia, na última vez em que se reuniu, para conquistar uma autoridade ilícita sobre os delegados daquela província deveria alertar o povo em geral sobre o modo como transmite o poder que tem em mãos. Foi elaborado para os delegados um conjunto de instruções que, em termos de sensatez e responsabilidade, teria envergonhado um colegial; e depois de serem aprovadas por poucos, muito poucos, numa reunião a portas abertas, essas instruções foram levadas para a Assembleia, e lá foram aprovadas em nome de toda a colônia. Por outro lado, se soubesse com que má vontade aquela Assembleia avalia algumas medidas públicas importantes, então a colônia não hesitaria em considerar seus membros indignos de confiança nem por um instante.

A necessidade imediata torna muitas coisas convenientes, que, se continuadas, podem se tornar opressões. Conveniência e justiça são coisas diferentes. Quando as calamidades da América exigiram uma conferência, não havia outro método disponível, nem mais apropriado na época, do que nomear pessoas das várias Assembleias para esse propósito; e a sabedoria com a qual elas procederam evitou a ruína desse continente. Levando-se em conta, porém, que é pouco provável ficarmos sem um congresso, todos os que desejam que a boa ordem prevaleça devem reconhecer que a forma de escolher os membros desse corpo merece consideração. Faço uma pergunta àqueles que estudam a humanidade: representação e eleição não são poder demais para apenas uma e a mesma congregação de homens? Quando fazemos planos para a posteridade, devemos nos lembrar de que a virtude não é hereditária.

Nossos inimigos muitas vezes nos proporcionam excelentes máximas, e com frequência os seus erros nos mostram o caminho certo, de maneira inesperada. O sr. Cornwall, um dos lordes do Tesouro, desprezou a petição da Assembleia de Nova York porque aquela Casa, disse ele, contava com apenas 26 membros, número insignificante e que não poderia representar decentemente o todo (seu argumento). Somos gratos a ele por sua honestidade involuntária.[15]

Para concluir, por mais estranho que possa parecer a alguns, ou por mais que eles se recusem a pensar na possibilidade — não importa —, muitas razões fortes e impressionantes podem ser apresentadas para mostrar que nada pode solucionar os nossos assuntos tão rapidamente quanto uma franca e decisiva declaração de independência. Seguem-se algumas dessas razões:

Primeira. Quando duas nações estão em guerra, é costume de outras potências não envolvidas na contenda participarem como mediadoras e estabelecerem as preliminares para a paz. Mas enquanto a América se considerar súdita da Grã-Bretanha, nenhuma potência poderá lhe servir de mediadora, por mais favorável que lhe seja. Dessa maneira, em nossa situação atual, é provável que continuemos para sempre envolvidos numa contenda.

Segunda. Não é razoável supor que França ou Espanha nos deem algum tipo de ajuda, se a nossa intenção for fazer uso dela para tentar reparar a ruptura e fortalecer o vínculo entre a Grã-Bretanha e a América; isso porque as consequências disso seriam prejudiciais à França e à Espanha.

Terceira. As nações estrangeiras nos considerarão rebeldes enquanto nos declararmos súditos da Grã-Bretanha. Que homens tidos como súditos ajam como rebeldes é um precedente um tanto perigoso para *a paz dessas nações*. Podemos resolver de imediato esse paradoxo, mas aliar resistência e submissão exige um pensamento refinado demais para a compreensão comum.

Quarta. Publicar um manifesto e enviá-lo a Cortes estrangeiras, descrevendo os infortúnios que temos suportado e os métodos pacíficos que usamos sem sucesso para obter reparação; um manifesto declarando ao mesmo tempo que não podemos mais viver com felicidade ou segurança sob o comando cruel da Corte britânica e, por isso, fomos obrigados por necessidade a romper todo o vínculo com ela — e também assegurando nossa disposição pacífica com relação a essas Cortes, bem como o nosso desejo de fazer comércio com elas. Tal manifesto traria a esse continente melhores resultados do que enviarmos um navio carregado de petições para a Grã-Bretanha.

A nossa atual designação de súditos britânicos não nos permite sermos recebidos nem ouvidos no estrangeiro. O costume de todas as Cortes está contra nós, e as coisas continuarão assim até conseguirmos, por intermédio da independência, nos equiparar a outras nações.

A princípio, esses procedimentos podem parecer estranhos e difíceis, porém, como todos os outros passos que já tivemos de dar, eles se tornarão em pouco tempo familiares e agradáveis. Mas, até que a independência seja declarada, o continente se sentirá como um homem que continua adiando dia após dia um trabalho que considera desagradável; e embora saiba que deve ser feito, ele odeia o fato de precisar agir. Um homem que deseja ver a tarefa realizada, e é continuamente perseguido pelos pensamentos da sua necessidade.

Apêndice

DESDE A PUBLICAÇÃO DA PRIMEIRA EDIÇÃO DESTE PANfleto, ou melhor, no mesmo dia em que ele surgiu, o Discurso do Rei[16] chegou a essa cidade. Se o nascimento deste panfleto tivesse sido orientado pelo espírito da profecia, não poderia ter acontecido num momento mais oportuno nem em uma ocasião mais necessária. A oposição obstinada de um mostra a necessidade de seguir a doutrina do outro. Os homens leem por vingança. E o Discurso, em vez de causar terror, preparou o caminho para os valorosos princípios da independência.

A solenidade e até o silêncio, seja qual for o motivo pelo qual surjam, têm uma tendência perturbadora quando dão sustentação, por menor que seja, a manifestações desprezíveis e perversas. Portanto, se for cabível essa máxima, conclui-se naturalmente que o Discurso do Rei, como peça de rematada vilania, mereceu e ainda merece execração geral tanto por parte do Congresso como do povo. Todavia, como a tranquilidade doméstica de uma nação depende muito da *pureza* do que pode ser corretamente chamado de costumes nacionais, muitas vezes é melhor ignorar algumas coisas num desdém silencioso do que empregar esses novos métodos de mostrar desaprovação, que poderiam conferir alguma originalidade à guardiã da nossa paz e da nossa segurança. E talvez essa delicada prudência tenha evitado até agora que o Discurso do Rei sofresse execração pública.

O Discurso, se é que pode ser chamado assim, é um deliberado e temerário libelo contra a verdade, o bom senso e a existência da humanidade; e é um método formal e pomposo de oferecer sacrifícios humanos ao orgulho dos tiranos. Mas esse massacre geral da humanidade é um dos privilégios e uma primazia dos reis; pois, assim como a natureza *não* os conhece, eles *não a conhecem* de volta, e ainda que *nós* os tenhamos criado, eles não *nos* conhecem, e se transformaram nos deuses dos seus criadores. O Discurso tem uma boa qualidade: não foi elaborado com o intuito de iludir, e nem que quiséssemos poderíamos ser enganados por ele. Brutalidade e tirania são visíveis nele. Não ficamos em dúvida; cada linha nos convence, no momento exato da leitura, de que o índio nu e ignorante que percorre as florestas em busca da sua presa é menos selvagem que o rei da Grã-Bretanha.

Sir John Dalrympe — o suposto autor de uma lamurienta peça jesuítica, falaciosamente denominada *The address of the people of England to the inhabitants of America* [Discurso do povo da Inglaterra aos habitantes da América] —, devido talvez à vã suposição de que o povo *daqui* deveria ter medo da grande pompa de um rei, indicou (embora de modo bastante tolo) o verdadeiro caráter do rei atual. Diz esse autor: "Mas se vocês estão inclinados a tecer elogios a uma administração, coisa de que não nos queixamos [ele se refere à administração do marquês de Rockingham, que revogou a Lei do Selo], é bastante injusto que se recusem a dirigir elogios ao príncipe, cujo consentimento, e apenas isso, permitiu que a administração fizesse qualquer coisa". Isso é puramente Tory![17] Eis a idolatria sem máscara; e aquele capaz de ouvir e digerir tranquilamente semelhante doutrina abre mão do seu direito à racionalidade. Não passa de um apóstata da ordem da humanidade, e deve ser considerado alguém que não apenas desistiu da própria dignidade humana, mas também se afundou abaixo do nível dos animais e rasteja pelo mundo como um insignificante verme.

Contudo, agora não importa muito o que o rei da Inglaterra faz ou diz. Ele violou maldosamente todas as obrigações morais e humanas, esmagou com os pés a natureza e a consciência; e graças a um resoluto e constitucional espírito de insolência e crueldade, atraiu para si um ódio global. O que interessa à América agora é cuidar de si mesma. Ela já possui uma família grande e jovem, da qual deve tomar conta em vez de entregar seus bens para sustentar um poder que se tornou uma vergonha a homens e cristãos dignos desses nomes. VOCÊS, cujo ofício é zelar pelos princípios morais de uma nação, seja qual for o grupo religioso ao qual pertençam, e também vocês, que são o mais próximo dos guardiões da liberdade pública, se desejarem que o seu país continue livre da contaminação pela corrupção europeia, devem ansiar secretamente a separação. Deixando, porém, a questão moral para a reflexão privada, vou restringir minhas observações adicionais aos tópicos que se seguem:

Primeiro. É de interesse da América separar-se da Grã-Bretanha.

Segundo. Qual plano é mais fácil e mais praticável: a RECONCILIAÇÃO OU a INDEPENDÊNCIA? — com algumas observações ocasionais.

Em favor da primeira declaração, eu poderia, se julgasse apropriado, apresentar as opiniões de alguns dos homens mais experientes e capazes desse continente; homens cuja posição sobre esse tema ainda não é publicamente conhecida. Na realidade é uma posição óbvia, pois nenhuma nação em situação de dependência estrangeira, presa a limitações em suas atividades de comércio, premida e acorrentada no seu poder legislativo, pode jamais alcançar alguma superioridade material. A América ainda não sabe o que é opulência. E embora ela já tenha obtido um progresso sem paralelo na história de outras nações, é apenas o início se compararmos ao que será capaz de obter quando tiver o controle dos poderes legislativos — como merece.

Nesse momento, a Inglaterra cobiça orgulhosamente algo que não lhe fará bem caso o obtenha, enquanto o continente hesita a respeito de uma questão que significará a sua ruína, caso seja negligenciada. O que beneficiará a Inglaterra não é a conquista da América, mas o comércio. E isso continuaria em grande medida se os países fossem tão independentes entre si como a França e a Espanha, porque ninguém poderia possuir um mercado melhor para muitas mercadorias. Mas o principal e único objetivo que devemos perseguir nesse momento é tornar a América independente da Grã-Bretanha ou de qualquer outro país que seja; esse objetivo, como toda verdade que a necessidade nos leva a descobrir, há de se mostrar mais claro e mais forte a cada dia. Em primeiro lugar, porque a independência acontecerá mais cedo ou mais tarde. Em segundo lugar, porque, quanto mais tempo a adiarem, mais difícil será realizá-la.

Eu tenho me divertido com frequência na companhia de outras pessoas, em ambiente público ou privado, observando discretamente os erros petulantes de indivíduos que falam sem pensar. E entre os muitos comentários que tenho escutado, o mais recorrente é este: se essa ruptura ocorresse daqui a 40 ou 50 anos, e não *agora*, o continente seria mais capaz de eliminar a dependência. A isso eu respondo que a nossa capacidade militar *hoje* provém da experiência adquirida na última guerra, e terá desaparecido totalmente daqui a 40 ou 50 anos. Nessa ocasião, o continente já não teria um general; não restaria nem mesmo um oficial militar. E nós, ou aqueles que nos sucedessem, seríamos tão ignorantes a respeito de assuntos de combate quanto os antigos índios. Se examinada com cuidado, essa opinião simples provará que o momento atual é preferível a qualquer outro. O argumento se resume ao seguinte:

no final da última guerra, tínhamos experiência, mas carecíamos de efetivo; e daqui a 40 ou 50 anos, provavelmente teremos efetivo suficiente, mas não contaremos com a experiência — logo, a data apropriada deve ser aquela situada entre os dois extremos, na qual ainda haja experiência suficiente e nosso número de homens tenha aumentado. E essa data é o agora.

Que o leitor possa perdoar essa digressão, que não se alinha com o primeiro tópico que citei. Retorno a ele com o texto a seguir.

Se forem acertadas as pendências com a Grã-Bretanha, e ela continuar governando a América com poder soberano (o que significaria, nas circunstâncias atuais, desistir completamente do cenário que nos favorece), nos privaremos dos meios de amortizar as dívidas que temos ou que possamos contrair. O valor das terras distantes, das quais algumas províncias são clandestinamente privadas pela injusta extensão dos limites do Canadá,[18] são avaliadas em apenas cinco libras esterlinas a cada cem acres, valor estimado em 25 milhões, na moeda da Pensilvânia. E os aluguéis de apenas um pêni esterlino por acre são cotados em 2 milhões por ano.

É pela venda dessas terras que a dívida pode ser abatida sem ninguém ser sobrecarregado. O imposto garantido sobre elas diminuirá continuamente e, com o tempo, cobrirá por completo o gasto anual do governo. Não importa quanto tempo leve para que a dívida seja paga, contanto que o valor das terras vendidas seja usado para esse pagamento. O Congresso se encarregará da execução das dívidas, por enquanto, como administrador continental.

Passo agora ao segundo tópico: Qual plano é mais fácil e mais praticável: a RECONCILIAÇÃO ou a INDEPENDÊNCIA? — com algumas observações ocasionais.

Aquele que toma a natureza como seu guia não é facilmente vencido em sua argumentação, por isso respondo, *de maneira geral, que a* INDEPENDÊNCIA *é uma linha simples e única, presente dentro de nós, enquanto a* RECONCILIAÇÃO *é uma questão confusa e complexa, e sofrerá interferência de uma Corte traiçoeira e caprichosa. Por esse motivo a independência é a resposta, sem nenhuma dúvida.*

A presente situação da América é verdadeiramente alarmante para todos os indivíduos capazes de refletir. Sem lei, sem governo, sem nenhum recurso de poder além daquele que é baseado na cortesia e concedido por ela. A América se mantém unida por uma combinação de sentimentos sem precedentes, que é, no entanto, sujeita a mudanças e que todos os inimigos secretos se esforçam para dissolver. Nossa atual condição se resume a isto: legislação sem lei, conhecimento sem plano, Constituição sem nome e — o que é estranhamente assombroso — a perfeita independência lutando por dependência. É um caso sem precedentes, pois jamais aconteceu; e quem poderá dizer qual será o resultado disso? O atual estado das coisas é de vulnerabilidade, e a propriedade de ninguém está segura. A mente da multidão vaga sem rumo e sem um objeto à sua frente no qual se fixar, movendo-se ao sabor da opinião ou da imaginação. Nada é criminoso, não existe traição, portanto, todos acreditam ter liberdade para agir como bem entender. Os Tories[19] não ousariam se reunir agressivamente se soubessem que, agindo assim, sujeitariam a própria vida às leis do Estado. Uma linha de separação deve ser traçada entre soldados ingleses cativos em guerra e habitantes da América cativos em rebelião. Os soldados são prisioneiros, mas os revoltosos são traidores. Os soldados perdem a liberdade, mas os revoltosos perdem a cabeça.

Não obstante o nosso conhecimento, em alguns dos nossos procedimentos há uma visível debilidade que encoraja as dissensões. O cinto continental está afivelado sem firmeza. Se algo não for feito enquanto há tempo, será tarde demais para que se faça qualquer coisa; e acabaremos caindo numa situação na qual nem RECONCILIAÇÃO nem INDEPENDÊNCIA serão viáveis. O rei e seus inúteis partidários estão jogando o velho jogo de dividir o continente, e entre nós não faltam impressores prontos para espalhar mentiras plausíveis. A carta astuciosa e hipócrita que apareceu alguns meses atrás em dois dos jornais de Nova York, e também em dois outros, é uma evidência de que existem pessoas desprovidas de discernimento e de honestidade.

É fácil ficar pelos cantos tagarelando sobre reconciliação, mas tais homens seriamente consideram quão difícil essa tarefa é e quão perigosa ela poderia se provar, se o continente se dividisse sobre isso? Eles levam em conta os vários grupos de pessoas cuja situação e circunstâncias, assim como as suas, devem ser consideradas? Colocam-se no lugar daqueles que sofrem e que já perderam *tudo*, e no lugar do soldado que abriu mão de *tudo* para defender o seu país? Se a moderação pouco sensata deles for apropriada *apenas* à sua própria situação particular, deixando os outros de lado, isso mostrará que "alguém errou bastante nos cálculos".

Retornemos, dizem alguns, ao ponto em que estávamos em 1763; e eu respondo a isso: não está *agora* ao alcance da Grã-Bretanha atender a esse pedido, e ela não o proporá.[20] Mas se estivesse ao alcance dela, e ainda que devesse ser concedido, seria cabível perguntar por qual motivo uma Corte tão corrupta e desleal haveria de cumprir suas obrigações? Outro Parlamento, até mesmo o atual, pode no futuro anular a obrigação, sob o pretexto de que foi obtida por meio de violência ou concedida imprudentemente. Se isso acontecer, como teremos a nossa reparação? Não se pode apelar à lei contra nações. Os advogados das Coroas são os canhões; e a espada da guerra, não da justiça, é que decide a questão. Para voltarmos ao patamar em que estávamos em 1763, não é suficiente que apenas a lei retorne à mesma situação da época; as nossas circunstâncias também precisam voltar a ser as mesmas. Nossas cidades queimadas e destruídas teriam de ser restauradas ou reconstruídas, nossas perdas particulares compensadas e as nossas dívidas públicas (contraídas para fins de defesa) perdoadas. Caso contrário, continuaremos numa situação milhões de vezes pior do que era naquele invejável período. Se esse pedido tivesse sido atendido um ano atrás, teria conquistado o coração e a alma do continente — mas agora é tarde demais.

Além do mais, recorrer às armas apenas para forçar a revogação de uma lei pecuniária parece tão difícil de justificar pela lei divina, e tão repugnante aos sentimentos humanos, quanto pegar em armas para forçar a obediência a ela. Em ambos os casos, o fim não justifica os meios, pois a vida de homens é valiosa demais para ser desperdiçada com tais bagatelas. O que conscientemente determina o uso de armas é a violência que se fez ou que se ameaçou fazer contra nós; é a destruição da nossa propriedade por uma força armada; é a invasão do nosso país por meio do fogo e da espada. E no instante em que semelhante recurso de defesa se tornou necessário, toda a submissão à Grã-Bretanha deveria ter cessado; e a independência da América deveria ter sido considerada datada e declarada *desde o primeiro tiro disparado contra ela*. Essa é uma linha que possui coerência; não foi traçada pelo capricho nem alongada pela ambição — foi produzida por uma cadeia de eventos cujos autores não foram as colônias.

Concluo essas observações com os bem-intencionados e oportunos conselhos a seguir. É preciso considerar que existem três caminhos diferentes pelos quais a independência poderá se concretizar, e que mais cedo ou mais tarde *por um* deles se dará o destino da América: pela voz legítima do povo no Congresso, pela força militar ou pela turba em rebelião. Nossos soldados nem sempre são cidadãos, e a multidão nem sempre é composta de homens racionais. A virtude, como já observei, não é hereditária nem perpétua. Se a independência for alcançada pelo primeiro desses três caminhos, teremos à nossa frente a oportunidade perfeita e todo o estímulo para criar a Constituição mais nobre e pura da face da Terra. Está em nosso poder começar o mundo novamente. Desde os tempos de Noé não acontece uma situação semelhante à que vivemos hoje. O nascimento de um novo mundo está ao nosso alcance, e uma linhagem de homens, talvez tão numerosa quanto a que existe na Europa, receberá o seu quinhão de liberdade a partir dos acontecimentos de alguns meses. Por esse ponto de vista, é terrível pensar quão insignificantes e ridículas parecem as críticas simplórias e sem valor de alguns homens fracos ou interesseiros quando comparadas às atividades de um mundo.

Se negligenciarmos o atual momento, que é favorável e convidativo, e a independência for concretizada de outras formas no futuro, devemos ser responsabilizados pelas consequências, principalmente aqueles entre nós cujas almas pequenas e preconceituosas habitualmente se opõem à medida sem nem mesmo se informarem ou refletirem. Existem motivos que favorecem a causa da independência; é melhor que os homens reflitam a respeito deles em privado em vez de mencioná-los em público. Esse não é o momento de discutir se devemos ou não ser independentes, mas de ansiar para que a independência se realize de modo firme, seguro e digno; devíamos estar incomodados por não ter ainda iniciado esse processo. A cada dia que passa nos convencemos mais da necessidade disso. Os próprios Tories (se é que ainda permanecem entre nós) deveriam ser, entre todos os homens, os que mais ardentemente promovem a independência; porque assim como, no início, a nomeação de comitês os protegeu da fúria da turba, uma forma de governo prudente e bem estabelecida será o único meio seguro de continuar garantindo essa proteção. *Portanto*, se eles não têm virtude suficiente para serem WHIGS,[21] então deveriam ter prudência suficiente para desejarem a independência.

Em resumo, a independência é o único ELO que pode nos ligar e nos manter unidos. Assim enxergaremos o nosso objetivo, e nossos ouvidos se fecharão oficialmente para os esquemas de um inimigo desafiador e cruel. Desse modo também nos colocaremos em posição adequada para tratarmos com a Grã-Bretanha, porque temos razões para crer que aquela Corte terá o orgulho menos ferido se definir com os estados americanos os termos para a paz, em vez de negociar termos de ajustamento com aqueles a quem chama de "súditos rebeldes". É a nossa morosidade que a encoraja a acreditar na conquista, e a nossa hesitação tende apenas a prolongar a guerra. Interrompemos os nossos negócios para obter reparação pelas tribulações que sofremos, e disso não nos resultou nada de bom; então tentemos *agora* a alternativa e reparemos nós mesmos nossos prejuízos, *independentemente*, para depois oferecer uma retomada dos negócios. O lado mercantil e racional da Inglaterra continuará conosco, porque é preferível ter paz *com* comércio a guerra *sem* ele. E se essa oferta não for aceita, nós procuraremos outras Cortes.

E assim se fundamenta a minha argumentação. Como ainda não surgiu, até agora, nenhuma refutação à doutrina contida nas edições anteriores deste panfleto, essa é uma prova negativa de que ou a doutrina não pode ser refutada, ou os seus apoiadores são numerosos demais para receberem oposição. PORTANTO, em vez de olharmos uns para os outros com curiosidade desconfiada e preocupação, estendamos ao nosso vizinho a mão sincera da amizade, formando uma fileira que dissipe todos os antigos desentendimentos como um ato de esquecimento. Que os nomes Whigs e Tories sejam extintos, e que nenhum outro seja ouvido entre nós exceto os de *bom cidadão*, *um amigo franco e decidido*, *e um apoiador virtuoso dos* DIREITOS da HUMANIDADE *e dos* ESTADOS LIVRES E INDEPENDENTES DA AMÉRICA.

Epístola aos quakers

Aos representantes da Sociedade Religiosa dos chamados Quakers, ou a todos os indivíduos entre eles que se envolveram na publicação de uma obra recente intitulada "Testemunho e princípios antigos das pessoas que se denominam QUAKERS renovados com relação ao REI e ao GOVERNO e concernentes aos distúrbios que agora ocorrem com frequência nessa e em outras partes da América, dirigidos ao POVO EM GERAL".[22]

O AUTOR DA PRESENTE EPÍSTOLA É UM DOS POUCOS QUE jamais desonraram a religião, seja ridicularizando, seja criticando alguma denominação, não importa qual. Sob o ponto de vista religioso, todos os indivíduos devem prestar contas a Deus, e não ao homem. Portanto, essa epístola não é endereçada a vocês propriamente como religiosos, mas como um grupo político que se mete em assuntos nos quais a professada quietude dos seus princípios ensina a não interferir.

Assim como aqueles que se colocaram no lugar de toda a congregação Quaker, sem serem apropriadamente autorizados a fazê-lo, o fará também o autor deste texto, a fim de se equiparar em posição, vendo-se obrigado a se pôr no lugar de todos os que aprovam os escritos e princípios contra os quais se dirige o seu testemunho. Ele escolheu essa situação singular para que vocês possam descobrir nele a petulância que não conseguem enxergar em si mesmos. Porque nem ele nem vocês têm direito ou título para a *representação política*.

Quando os homens se afastam do caminho correto, não é de espantar que tropecem e caiam. E tendo em vista a maneira como conduziram o seu testemunho, é evidente que a política (como um grupo religioso) não é a sua atividade característica; porque, por mais bem ajustado que seu testemunho possa lhes parecer, não passa de uma mistura confusa de considerações boas e ruins reunidas de forma insensata, e cuja conclusão a que chegaram é artificial e injusta.

Nas duas primeiras páginas (e o total não chega a quatro) dou a vocês o crédito, e espero que tenham a mesma civilidade para comigo, porque o amor e o desejo de paz não são exclusividade do quacrismo, são o desejo natural, bem como religioso, de todas as denominações dos homens. Por esse motivo, como homens lutando para estabelecer a sua própria Constituição, nós superamos todos os outros em nossa esperança, finalidade e objetivo. *Nosso plano é a paz eterna*. Estamos cansados da contenda com a Grã-Bretanha e não conseguimos ver nenhum desfecho real para isso, a não ser a separação definitiva. Agimos com perseverança, suportando males e fardos dos dias atuais, para que se instale uma paz ininterrupta. Estamos nos esforçando, e continuaremos a nos esforçar firmemente, para separar e dissolver uma ligação que já manchou nossa terra com sangue. Até que seja desfeita, essa ligação fatalmente causará prejuízo a ambos os países no futuro.

Não lutamos por vingança nem por conquista; não lutamos por orgulho ou paixão. Não insultamos o mundo com nossas esquadras e nossos exércitos, nem o arruinamos para saqueá-lo. Somos atacados sob a sombra das nossas próprias vinhas; violência é cometida contra nós em nossas próprias casas, em nossas próprias terras. Nossos inimigos são como salteadores e arrombadores de casas, e a lei civil não nos oferece proteção contra eles; assim, somos obrigados a puni-los de acordo com a lei militar, aplicando a espada nos casos em que vocês até agora aplicavam a forca. Talvez nos identifiquemos com os sofredores arruinados e insultados de todas as partes do continente, com um grau de afeição que ainda não se manifestou em alguns dos seus amigos. Contudo, certifiquem-se de que não se enganarão quanto à causa e ao embasamento do seu testemunho. Não confundam frieza de alma com religião; não coloquem o *fanático* no lugar do *cristão*.

Ah, ministros parciais dos seus próprios princípios declarados! Se for pecado empunhar armas, então o primeiro a entrar em guerra deve ser o mais pecaminoso, dada a enorme diferença entre ataque deliberado e defesa inevitável. Portanto, se de fato pregam com consciência, e não têm a intenção de usar a sua religião como um passatempo, convençam o mundo disso, proclamando a sua doutrina aos nossos inimigos, *pois eles também brandem* ARMAS. Deem-nos uma prova da sua sinceridade publicando isso em St. James para os comandantes em chefe em Boston, almirantes e capitães que à moda de piratas estão saqueando o nosso litoral, e para todos os assassinos inescrupulosos que agem sob as ordens DAQUELE a quem vocês declaram servir. Se vocês tivessem a alma honesta de Barclay,[23] pregariam arrependimento ao *seu* rei. Vocês relatariam ao Canalha Real os pecados dele e o alertariam a respeito da ruína eterna. Não dirigiriam suas injúrias parciais aos feridos e aos ofendidos apenas, mas, como ministros fiéis, gritariam alto e *não poupariam ninguém*. Não digam que são perseguidos nem busquem nos transformar nos autores dessa censura que vocês atraem para si mesmos. Pois nós, perante todos os homens, testemunhamos que não protestamos contra vocês porque são quakers, mas porque vocês *fingem ser* e NÃO *são*.

Que infortúnio! Por uma determinada tendência de parte do seu testemunho, e de outras partes da sua conduta, tem-se a impressão de que todos os pecados se resumem ao *ato de pegar em armas*, e apenas quando o é feito *pelo povo*. Parece-nos que confundiram consciência com bando, porque o teor geral das suas ações é carente de uniformidade. É extremamente difícil dar crédito a muitos dos seus escrúpulos fingidos, pois os vemos se manifestarem nos mesmos homens que, ao mesmo tempo que bradam contra as riquezas do mundo, também tratam de persegui-las com um passo tão constante quanto o do Tempo, e um apetite tão voraz quanto o da Morte.

Na terceira página do seu testemunho, vocês fizeram a seguinte citação dos Provérbios: "Quando os caminhos de uma pessoa agradam ao Senhor, até mesmo os inimigos dessa pessoa se mantêm em paz com ela". É uma escolha bastante infeliz de sua parte, pois constitui uma prova de que os caminhos do rei (o qual vocês apoiam tão amorosamente) *não* agradam ao Senhor, caso contrário o seu reino estaria em paz.

Passo agora à última parte do seu testemunho (grifos meus), para a qual todas as partes anteriores parecem ter servido apenas como introdução:

> Desde que fomos chamados a professar a luz de Jesus Cristo, manifestada em nossas consciências até os dias de hoje, sempre foi nossa convicção e nosso princípio que estabelecer e depor reis e governos é prerrogativa particular de Deus, por motivos que Ele conhece, e em que

não nos cabe interferir nem conceber tramas a respeito. Não devemos nos meter em assuntos que estão fora da nossa alçada, muito menos conspirar e planejar a ruína ou a deposição de um rei. Em vez disso, devemos rezar por ele e pela segurança da nossa nação, e pelo bem de todos os homens. Que possamos viver uma vida pacífica e tranquila, plena de piedade e de honestidade, *sob o governo que apraz a Deus nos conceder*.

Se esses são *realmente* os seus princípios, por que não vivem de acordo com eles? Isso a que vocês chamam de "trabalho de Deus", por que não deixam que Ele mesmo o controle? Esses mesmos princípios os orientam a esperar, com paciência e humildade, que todas as medidas públicas aconteçam, e a acatá-las como o desejo divino para vocês. Assim, que chance há para o seu *testemunho político* se vocês acreditam plenamente no seu conteúdo? A sua mera publicação prova que vocês não acreditam no que professam, ou então não têm virtude suficiente para praticar aquilo em que acreditam.

Os princípios do quacrismo tendem claramente a fazer de um homem um obediente e inofensivo súdito de todo e qualquer governo *que seja instituído para ele*. E se for prerrogativa exclusiva de Deus instaurar e derrubar reis e governos, nós certamente não iremos privá-Lo dessa atividade. Assim, o princípio em si os leva a aprovar tudo o que já aconteceu ou que venha a acontecer aos reis, já que se trata de obra do Senhor. OLIVER CROMWELL agradece a vocês. CARLOS não morreu pelas mãos de homens.[24] E se o atual e orgulhoso imitador deste último tiver o mesmo fim prematuro, os que escreveram e publicaram o testemunho em questão serão, pela doutrina que há nesse testemunho, obrigados a aplaudir o fato. Reis não são tirados do poder por milagre, e trocas de governos não podem acontecer senão por meios comuns e humanos — como os que agora empregamos. Mesmo a dispersão dos judeus, embora antevista por nosso Salvador, envolveu o uso de armas.

Portanto, já que vocês se omitem em um aspecto não deviam se intrometer em outro, e sim esperar silenciosamente a conclusão. A menos que vocês possam produzir autoridade divina para provar que o Todo-Poderoso, que criou e estabeleceu esse *novo* mundo o mais distante possível, a leste e a oeste, de qualquer parte do velho mundo, mesmo assim, desaprova a sua independência da corrupta e abandonada Corte britânica. E a menos — como eu dizia — que vocês consigam mostrar como podem, guiando-se por seus princípios, justificar a excitação e estimular o povo a "unir-se firmemente na *repulsa* a todos esses escritos e essas medidas que demonstram o desejo e o propósito de romper a *feliz* conexão, da qual até aqui desfrutamos, com o rei da Grã-Bretanha, e de romper a nossa justa e necessária subordinação ao rei e àqueles que foram legalmente investidos de autoridade por ele".

Mas que grande absurdo! Os mesmos homens que ainda no parágrafo anterior abriam mão, passiva e tranquilamente, de ordenar, alterar e remover reis e governos, deixando tudo isso a cargo de Deus, agora estão anulando os seus princípios e declarando que colaboram nesse trabalho. É possível que essa conclusão, citada aqui de maneira adequada, possa de algum modo advir da doutrina estabelecida? A incoerência é gritante demais para não ser vista; o absurdo é grande demais para não arrancar risos. Isso só poderia ter sido feito por indivíduos cujo discernimento foi embotado pelo espírito estreito e ressentido de um partido político desesperado; porque vocês não são considerados o grupo inteiro dos quakers, mas apenas uma fração dele — e uma facção.

Termina aqui o exame do seu testemunho (o qual eu peço que as pessoas não execrem, como fizeram vocês, mas que o leiam e julguem de forma justa), com acréscimo da seguinte observação:

"a nomeação e a deposição de reis" significa muito provavelmente tornar rei quem ainda não o é, e retirar do trono quem já é. E qual é a relação disso com o presente caso? Nós não temos a intenção de *instituir* nem de *depor* reis, nem de *fazer* ou de *desfazer* nada; o que pretendemos é não ter *relação* com eles. Portanto, o seu testemunho — por qualquer ângulo que seja avaliado — serve apenas para manchar o seu discernimento, e por várias outras razões seria melhor que não tivesse sido publicado.

Em primeiro lugar porque tende a depreciar e censurar toda religião, e é de extremo perigo para a sociedade envolver uma religião numa disputa política.

Em segundo lugar porque expõe um grupo de homens interessado na publicação de testemunhos políticos, e na aprovação desses testemunhos, que são, no entanto, repudiados por muitos desses mesmos homens.

Em terceiro lugar porque tende a desfazer a harmonia e a amizade continentais que vocês mesmos ajudaram a estabelecer, por meio das suas recentes doações generosas e caridosas, e cuja preservação é de vital importância para todos nós.

E assim me despeço, sem ódio nem ressentimento. Desejo sinceramente que vocês, como homens e como cristãos, possam sempre desfrutar completa e ininterruptamente de todos os direitos civis e religiosos, e que possam, por sua vez, ser o meio de assegurar esses direitos a outros; mas que o exemplo dado por vocês tão insensatamente — o de misturar religião com política — *seja condenado e reprovado por cada habitante da América.*

Notas

Todas as notas são do tradutor, exceto quando indicado.

1   Citação do poema Liberty, de James Thomson, poeta escocês do início do século XVIII: "*Man knows no master save creating Heaven / Or those whom choice and common good ordain*".

2   Guilherme I, conhecido como Guilherme, o Conquistador, e também como Guilherme, o Bastardo, derrotou o rei da Inglaterra Haroldo II em batalha e governou o país de 1066 a 1087. Descendente de vikings que haviam conquistado o norte da França, Guilherme foi o primeiro rei normando da Inglaterra.

3   Referência à Guerra das Rosas, série de batalhas travadas entre as influentes famílias York e Lancaster, que disputavam o trono da Inglaterra. O conflito entre elas teve início depois da Guerra dos Cem Anos pelo controle do Conselho Real, que exercia o poder de fato, e durou cerca de 30 anos.

4   Em 19 de abril de 1775, tropas britânicas invadiram Lexington com o intuito de confiscar suprimento militar dos soldados americanos, mas foram surpreendidas e entraram em combate com

eles. O início da Guerra da Independência foi com essa batalha e a de Concord, ocorrida logo em seguida.

5   Em 1774, o Parlamento britânico promulgou leis duras e punitivas na América, que os americanos chamaram de Atos Intoleráveis. Essas leis foram uma reação ao ato de protesto de colonos rebeldes, que atiraram ao mar 45 toneladas de chá vindo da Inglaterra num episódio conhecido posteriormente como Festa do Chá de Boston. A Lei do Porto de Boston, por exemplo, determinava que o porto de Boston fosse fechado até os prejuízos pela perda do chá serem pagos. Essa medida era uma séria ameaça à sobrevivência da cidade, e outras leis igualmente duras se seguiram, visando aumentar o controle sobre a região e isolá-la.

6   Citação do Livro IV do poema épico "Paraíso perdido", de John Milton, publicado em 1667.

7   Em 1765, o Parlamento britânico aprovou a Lei do Selo, determinando que todos os documentos legais, jornais e material impresso precisariam receber um selo para que sua circulação fosse permitida — esse selo era obrigatório, porém teria de ser comprado da Inglaterra. Essa lei provocou descontentamento e protestos, e foi revogada em 1766.

8   Massacre em Lexington, mencionado na nota 4. (N. A.)

9   O Primeiro Congresso Continental reuniu representantes das treze colônias, que elaboraram e enviaram ao rei da Grã-Bretanha uma petição solicitando o fim das medidas conhecidas como Leis Intoleráveis. A reação da Coroa a isso foi aumentar a sua presença militar na colônia. Os colonos então organizaram o Segundo Congresso Continental, em 10 de maio de 1775, na

Filadélfia, e nessa reunião decidiram romper com a metrópole e elaborar a sua Declaração de Independência.

10   Jacinto Dragonetti (1738-1818) foi um jurisconsulto e escritor italiano, autor de *Trattato delle Virtù e dei Premi* [Tratado das virtudes e recompensas] e *Origine dei Feudi Nei Regni di Napoli e Sicilia* [Origem dos feudos nos reinos de Nápoles e da Sicília].

11   Thomas Anello, também conhecido como Massanello, foi um pescador de Nápoles que insuflou os ânimos dos seus compatriotas no mercado público contra a opressão dos espanhóis pelos quais eram dominados na época, e que no intervalo de um dia foi declarado rei. (N. A.)

12   Lorde Dunmore, governador britânico da Virginia, ofereceu a liberdade por meio de um manifesto aos escravos negros que se aliassem às forças britânicas no conflito. Além disso, em 1775, indígenas da fronteira oeste foram incitados por ingleses a atacar os americanos.

13   O capitão William Death foi um temido corsário inglês do século XVIII. Ele comandou o navio *The Terrible*, equipado com 26 canhões e tripulado por 200 homens. Em 27 de dezembro de 1756, dias depois de ter capturado o navio francês *Alexandre le Grande*, o *Terrible* entrou em combate com o navio corsário *Vengeance*, equipado com 36 canhões. Depois de uma luta sangrenta, o *Terrible* foi dominado, e o capitão Death acabou morto na batalha.

14   Petição submetida por uma comissão de soldados rasos à avaliação da Assembleia da Pensilvânia, em outubro de 1775, solicitando a aprovação de uma lei que tornasse obrigatório o serviço militar para todos os homens livres.

15 Aqueles que desejarem compreender plenamente a importância notável que tem para o Estado uma representação ampla e igualitária devem ler *Political Disquisitions*, de James Burgh. (N.A.)

16 Em 26 de outubro de 1775, o rei inglês Jorge III falou ao Parlamento, denunciando os "incentivadores de uma conspiração que havia inflamado os americanos" contra a autoridade britânica. Em 10 de janeiro de 1776, cópias desse discurso foram publicadas na Filadélfia.

17 Referência ao antigo partido Tory, cujos membros apoiavam a Coroa britânica.

18 Aprovada pelo Parlamento britânico em 1774, a Lei de Quebec permitia que o território canadense britânico se expandisse até o Sul, em Ohio, avançando sobre terras reivindicadas pelas colônias. Muitos consideraram esse ato uma tentativa de cortejar os franco-canadenses para garantir sua lealdade à Coroa britânica e oprimir os colonos.

19 Membros do antigo partido Tory, também chamados de "lealistas", fiéis à Coroa britânica e que não queriam desfazer a ligação com a Grã-Bretanha.

20 Na época mencionada, em 1763, a cobrança de impostos sobre as colônias americanas era bem mais aceitável e tinha como objetivo, na maioria das vezes, a regulamentação do comércio.

21 Membros do Whig, partido político importante na época, de tendência liberal, que se contrapunha ao partido Tory, de tendência conservadora.

22 Este texto é uma resposta do autor, incluída em *O bom senso* como apêndice, à epístola escrita pelo clérigo John Pemberton,

publicada pelas lideranças quakers, que defendia a "justa e necessária" submissão das colônias ao rei.

23 "Tu experimentaste a prosperidade e a adversidade; tu soubeste o que é ser banido do teu país natal, ser dominado assim como dominar, e ocupar o trono. E por ser *oprimido* tiveste base para saber agora quão *detestável* é o *opressor*, tanto para Deus quanto para o homem. Se depois de todos esses avisos e essas advertências não te voltares para o Senhor com todo o teu coração, esquecendo-te Daquele que lembrou de ti quando sofrias, e te entregares à luxúria e à vaidade, então tua condenação certamente será grande. Contra essa cilada, contra a tentação daqueles que possam oferecer-te gratificação e guiar-te para o mal, o mais excelente e rico remédio será orientar-te pela luz de Cristo que brilha em tua consciência; essa luz não poderá lisonjear-te nem o fará, e não tolerará que convivas tranquilo com teus pecados." — Carta de Barclay ao rei Carlos II. (N.A.)

24 O rei Carlos I da Inglaterra foi derrotado pelo exército de Cromwell, e mais tarde julgado, condenado e decapitado.

CONHEÇA TAMBÉM:

OS ARTIGOS FEDERALISTAS

ALEXANDER HAMILTON
JOHN JAY · JAMES MADISON

AVIS RARA

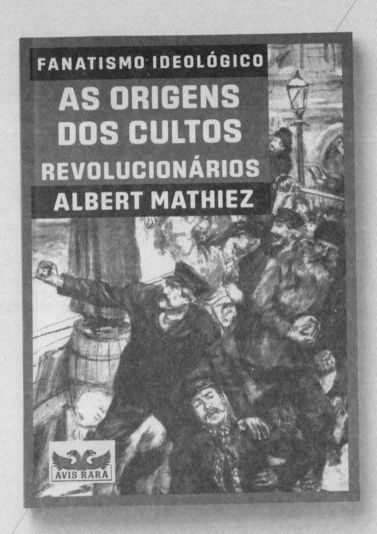

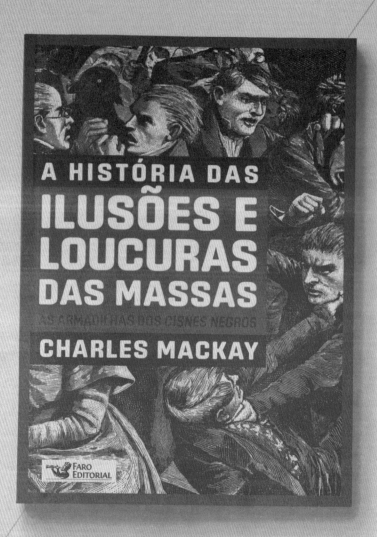